JN087988

34の発言から問題をキャッチ！

吉澤　諭
吉澤相続事務所　代表取締役

トラブルの芽を摘む
相続対策

近代セールス社

はじめに

　車を運転していて、急にボールが道に飛び出してきたらブレーキを踏むと思います。なぜでしょうか？　「あ、子どもが飛び出してくるかも」と思うからです。

　実際に子どもが飛び出してくることもあれば、誰も飛び出してこないこともあります。しかしそれは結果論に過ぎません。日頃から「ボールが飛び出してきたらブレーキを踏む」習慣を身につけておくことが重要で、常日頃からブレーキを踏む習慣が身についていれば事故は起こりません。

　仮に子どもがボールを取りに現れなかったとしても、日頃からそのような運転を心掛けておくことが、この先の事故を未然に防ぐことにつながります。

　相続相談についても同じことが言えます。相談者の発言を聞き、「あ、こんなことが起こるかもしれない」「こんな背景が考えられそうだ」と想像力を膨らませることにより、幅広く問題の芽をキャッチすることができ、「事故」を未然に防ぐことができるようになります。

　相談者の発言を言葉のとおり真に受け、聞かれたことだけに答えているようではコンサルタントとは言えません。相続は「問いすら出されていない問題に取り組むこと」だからです。

　しかも、相続の問題には、これと決まった「正解」はありません。相談者が「OK」であればそれがすべて正解です。人によって問題は異なり、そのサイズも緊急度も優先度もすべて人によりいろいろです。

相談者をはじめとする関係者が納得すればそれが正解であり、こちらが自分の考えを押し付けるものではありません。

さて、本書を執筆した背景について簡単に説明させていただきます。2015年はじめ、一般社団法人相続診断協会より「**相続診断士** *が手軽に相続相談できるようなツールを作成したいと考えています。医師がつけるカルテをイメージしているのですが、相続の問題を把握するためには、相談者へどのような質問を投げかけたらよいでしょうか。その質問を考えていただけないでしょうか」と依頼を受け、30個の質問項目を考えました。

そして、30個の質問項目に相談者がチェックをするだけで、「相続について問題があるかどうか」をその場で可視化できるツール【相続診断チェックシート】が完成しました。現在、全国で約4万人の合格者がいる相続診断士が、この【相続診断チェックシート】を活用し日々の業務に役立てています。

その後、本書の発行元である近代セールス社の月刊誌（当時、現在は季刊誌）『Financial Adviser』2017年12月号（No.229）で、『相続対策ニーズを探る「34」のチェックポイント』と題した特集が組まれ、著者が【相続診断チェックシート】で採用された質問項目30個に新たに4個質問項目を追加し、相続で起こりえる34の問題について、「何が問題なのか」「どうすれば良いか」を一問一答形式で解説しました。

本書は、この特集をベースに、さらに一歩進め、「相談者の発言からどのような問題をキャッチするか」、そして「その問題を解決するためにはどのような方法が考えられるか」について解説したものです。具体的に34個の発言について、次の流れで構成しています。

＊**相続診断士**…一般社団法人相続診断協会が認定する、相続診断ができる資格のこと。

①この発言が出たら要注意！

②この発言から想像される状況

③各状況に応じ懸念される問題点

④その問題点に対する処方箋

　・**相続発生前**だったらどうすればよいか

　・**相続発生後**だったらどうすればよいか

⑤ワンポイントアドバイス

　こだわったのは、「現場目線であること」。民法や相続税などの条文や取り扱いを羅列した参考書ではなく、「**日々現場で相続に携わる皆さんが目の前のお客様（相談者）に対し、専門家として的確にアドバイスできるように**」をコンセプトとして執筆しました。

　相続相談にのるコンサルタントには、机上の知識だけでなく、潜在的なニーズや問題点を汲み取るセンスが求められます。潜在的なニーズや問題点に気付くためには、常に幅広くアンテナを張り巡らせ、神経を研ぎ澄ませていなければいけません。そして、そのことを相談者に気付かせるスキルも必要です。

　本書は、**相談者の発言の"裏"にあるトラブルの芽を早期にキャッチし、結果、事故を未然に防ぐことを目的とした、相続コンサルタントのための実務マニュアル**です。「ボールが飛び出してきたら、次は子ども」同様、その先をいかに想像力豊かに発想できるかがトラブルを未然に防ぐ重要なポイントです。その発想が外れても構いません。子どもが飛び出してこなかっただけですので、常にブレーキを踏む姿勢に間違いはありません。実際に子どもが飛び出してきて、事故が起こってからでは遅いのです。

相続の問題は34個の質問項目で片付けられるものではありません。しかし、まずはこの34個の発言について、その先があることを学んでください。そして、ボールが飛び出してきたら常にブレーキを踏む癖を身につけ、**相談者の発言の一つ一つの"裏"を気にし、小さな言葉のニュアンスを見逃さず、余計な事故が起こらないよう感覚を研ぎ澄ませる習慣を身に**つけてください。

　著者がまだ駆け出しのころ、「このような本があったらいいな…」と思ったことを形にしました。本書が一つ上の相続コンサルタントに上がるきっかけになれば幸いです。

吉澤　諭

2021年7月

CONTENTS

第1章 相続人に関する発言からトラブルの芽をキャッチする

こんな発言が出たら要注意！

第2章 相続財産に関する発言から トラブルの芽をキャッチする

こんな発言が出たら要注意!

コラム 押さえておきたいプラスワン知識

第3章 **被相続人**に関する発言から **トラブルの芽をキャッチする**

こんな**発言**が出たら**要注意！**

コラム 相続相談のマインド&スキル

コラム 押さえておきたいプラスワン知識

第**1**章

相続人に関する発言から
トラブルの芽を
キャッチする

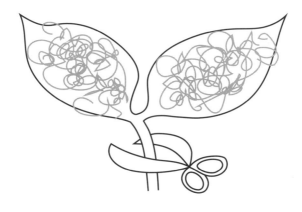

相続人に長い間連絡が取れない人がいる

この発言から想像される状況は…

① 相続人に「行方不明者」や「音信不通」の人がいる
② 親子や相続人同士の仲が悪い
③ 遠く離れて暮らしている相続人がいる

状況別 懸念される問題とその処方箋

状況❶ 相続人に「行方不明者」や「音信不通」の人がいる

▶どんな問題が起こるのか？

　この場合、遺産分割が成立しないため、銀行の預金を下ろすことも、不動産の名義を変更することもできません。そうなると、相続財産は故人名義のまま、ずっと"塩漬け"状態になってしまいます。

　例えば、親が相続税の納税資金として貯めていた預金があっても、原則として相続人全員の実印が揃わない限り引き出すことができず、相続人自身が別途納税資金を調達しなければいけません。また、納税用に確保しておいた不動産も名義変更しない限り売却できませんし、

親の名義のまま相続人が固定資産税等を負担し続けなければならなくなります。

　さらに、遺産分割が整わなくては、相続税における「配偶者の税額軽減」や「小規模宅地等の特例」の適用を受けることができず、未分割のまま申告し、高い相続税を負担する羽目になってしまいます。

▶処方箋①＝相続発生 前 に行う対策

　時間をかけて「その人」を探すことができればよいのですが、見つかったからと言って、遺産分割に協力してくれるとは限りません。また、いつ相続が発生するかは誰にもわかりませんので、こうした場合は遺言書を作成しておくべきでしょう。

　遺言にもいろいろな種類がありますが、形式的な不備があった場合のリスクや手続き負担を考えると、公正証書遺言が望ましいと言えます。ある程度遺言内容に自信があるのであれば、令和2年7月10日に開始された「法務局における自筆証書遺言書の保管制度」を利用する手もあります。そのほうが費用負担は軽くなります。ただし、あくまで遺言内容については自己責任になりますのでご注意ください。

　いずれにしても、遺言執行者を指定しておくと後の手続きスムーズになります。くれぐれも、遺言に記載する財産に漏れがないよう気をつけてください。

▶処方箋②＝相続発生 後 に行う対策

　相続が発生した時点で、相続人に行方不明者がいた場合は大変です。

　この場合、まず、家庭裁判所へ「不在者財産管理人の選任」を申し立て、同時に「財産管理人の権限外行為の許可審判」を申し立てることで行方不明者の財産を財産管理人に管理してもらう方法が考えられ

ます。

　ただし、不在者の法定相続分は手付かずの状態が継続するため、抜本的な解決にはなりません。さらに財産管理人は弁護士などの専門職が就く場合が多いので、報酬などの費用もかかってしまいます。

　また、失踪宣告を行う手もありますが、普通失踪の場合、死亡したとみなされ、相続発生となるのは7年後ですので、解決するまでに相当時間がかかってしまいます。

```
                                        7年間    失踪宣告
                                      ──────▶  （死亡したもの
        ┈┈┈┈┈┈┈┈┈┈┈┈┈┈┈┈┈┈┈┈┈┈┈┈┈┈          とみなす）
        ▼                    ▼
```

相続発生

不在者の財産管理人の選任申立
- ●財産管理人候補者の希望の記載が可能
- ●この時点では財産管理人に遺産分割案に合意する権限なし

↓

財産管理人の権限外行為の許可審判申立
- ●不在者の法定相続分を確保しなければならない

失踪宣告の受理・申立て
- ●不在者の生死が7年間不明
- ●戦争・船の沈没・震災等に遭遇して危機が去った後1年以上生死が不明

コラム　押さえておきたいプラスワン知識

単独での所有権移転登記

　法定相続割合であれば、1人の相続人が単独で不動産の所有権移転登記をすることができます。

　仮に相続人の中に行方不明者がいる場合であっても、不動産の名義を親から相続人全員の名義へ変更することができますので、持分を有している相続人はその全部について利用することが可能となります。しかし、この場合、法定相続割合による相続人全員の共有名義になりますので、そこには当然、行方不明者の名義も入っています。そのため、自身の持分を譲渡することは可能（買主がいればの話ですが）なものの、抜本的な解決にはなりませんのでご注意ください。

状況❷　親子や相続人同士の仲が悪い

▶どんな問題が起こるのか？

　コミュニケーション不足から、「争族」が発生する可能性があります。日頃から付き合いがあり、コミュニケーションが取れている家庭の場合、相続で揉めることはあまりありません。多少意見の違いがあったとしても、お互いの状態・状況を理解し合っている間柄であれば、歩み寄りにより落ち着くところに落ち着きます。

　一方、長期にわたり接触がない親族が相続人となった場合、人間関係が破綻しているケースも多く、その場合、話し合いは人間関係の構築から始めざるを得ず、マイナスからのスタートになってしまいます。スムーズに話し合うことができず、感情的になったり、弁護士など第三者が間に入ったりすると、残された相続人にとって酷な状況となってしまいます。

　相続人の不仲から遺産分割が成立しない場合どうなるかは、前述の状況①のとおりです。

▶処方箋①＝相続発生 前 に行う対策

　まずは、親子や相続人間で積極的にコミュニケーションを取るよう心掛けてください。互いの勘違いから生じた程度の話であれば、時間をかけて話し合うことで距離が縮まる可能性があります。

　話し合いで済むような間柄ではない、そもそも仲が悪い間柄であれば、状況①同様、遺言書を作成しておくべきだと思います。法的に有効な遺言書があれば遺産分割を話し合う必要はありません。

　この場合における遺言作成のポイントは「**付言**＊の充実」です。単に財産の分け方についてだけ書くのではなく、生前うまくコミュニケーションが取れなかった相続人に対し、遺言書を作成した背景や心情を遺言者自身の言葉で語りかけるのです。そのような遺言書により気持ちが軟化した相続人をたくさん見てきました。

▶処方箋②＝相続発生 後 に行う対策

　どれだけ不仲であっても、話し合うしかありません。当事者同士では話し合いが難しい場合、親族に同席してもらうとか、第三者を交えて話し合うなどの方法が考えられます。当事者同士での話し合いでは解決しない場合、弁護士に依頼し、弁護士を通じて話し合いを進める方法もあります。弁護士に依頼しても合意に達しない場合は、家庭裁判所へ調停を申し立てるしかありません。

　遺産分割が成立しない場合、相続税における「配偶者の税額軽減」や「小規模宅地等の特例」の適用を受けることができませんし、銀行の預金を下ろすことも、不動産の名義を変更することもできません。

＊付言……遺言作成の背景や遺言者の心情など、遺言者の想いを綴った遺言者からのメッセージのこと。

状況❸ 遠く離れて暮らしている相続人がいる

▶どんな問題が起こるのか？

　遺産分割協議が遅々として進まない可能性があります。特に、海外居住の相続人がいる場合、話し合いが進まないだけではなく、印鑑証明書の代わりに**サイン証明（署名証明）**＊ を取得する必要があるなど、手続き面でも相当面倒が生じます。

　また、故人に近しい相続人が財産を隠しているのではないかと疑問を持たれたり、**名義預金**＊ の存在や財産の前渡し（**特別受益**＊）の事実確認に時間がかかるため、相続財産の確定に時間がかかる可能性もあります。

▶処方箋①＝相続発生 前 に行う対策

　これも遺言書の作成で解決できます。相続人が海外で暮らしていても、法的に有効な遺言書があれば話し合う必要はありません。

　海外で暮らす相続人がいる場合、代償金を交付する旨の遺言が有効です。例えば、「銀行の定期預金600万円について、日本で暮らすAと海外で暮らすBが各々2分の1ずつ相続する」と書いた場合、Aは実印・印鑑証明書が、Bはサイン証明がそれぞれ必要になり、名義変更手続きが大変です。

　そこで、「銀行の定期預金600万円は全額日本で暮らすAが相続し、Aはその代償としてBへ金300万円交付する」と書けば、定期預金を日本で暮らすAが単独で相続することができ、そのうえでAはBへ

＊**サイン証明（署名証明）**……日本に住民登録をしていない海外在留者に対し、日本の印鑑証明に代わるものとして日本での手続きのために発給されるもの。
＊**名義預金**……真の権利者とは別の名義（例えば、配偶者や子ども、孫など本人以外の名義）を借りて、または存在しない名義で預けている預貯金のこと。「他人・架空名義預金」「借名口座」「借名預金」ともいいます。
＊**特別受益**……相続人が被相続人から生前に生計の資本として贈与を受けていたり、遺贈により財産をもらったり、特別の利益を得ている場合の利益のこと。

300万円交付すれば足りますので、手続きが楽になります。こうした遺産分割の方法を「代償分割」といいます。

　ただし、法的に有効な遺言書があっても、銀行によっては所定の書類に相続人全員の署名・押印が求められることがありますので、事前に取引銀行に対しどのような手続きが必要になるのか確認しておくとよいでしょう。

▶相続発生 後 の処方箋

　時間も費用もかかるかもしれませんが、話し合うしかありません。

　昨今、メールやLINEなどの通話アプリで遺産分割を話し合う人が増えましたが、この方法はおすすめしません。会話だと通じる細かいニュアンスも、文字にすると通じず、同じ言葉を使っても相手の受け止め方が異なり、話し合いがこじれてしまうことがあるからです。

　とは言え、物理的に距離が離れている場合、時間や費用を考えるとメールや通話アプリを利用せざるを得ない状況があることも理解できます。その場合、使用する言葉には十分注意し、相手の立場に立った言い回しを心掛けてください。

ワンポイントアドバイス

　相談者の「深刻度」や「緊急度」に応じ、弁護士や司法書士など法律の専門家へ相談したり、状況に応じて少しでも早く具体的な手続きに着手しましょう。

こんな発言が出たら要注意！　02

相続人が「海外」や「遠い場所」にいる

この発言から想像される状況は…

1. 相続手続きに時間がかかる
2. 遺産分割の話し合いができない
3. 争族になる可能性がある

状況別　懸念される問題とその処方箋

状況❶　相続手続きに時間がかかる

▶どんな問題が起こるのか？

　相続手続きは面倒で時間がかかるものです。一人につき一度しかない手続きですから仕方がないのかもしれませんが、故人の所得税を申告し（準確定申告）、相続財産を調べ、戸籍謄本、住民票、印鑑証明書、残高証明書、登記事項証明書、賃貸借契約書などの必要書類を不足なく揃え、遺産分割について話し合わなければなりません。

　そこで合意したら、遺産分割協議書を作成する必要があります。相続税がかかるのであれば税理士に、不動産の名義変更は司法書士に依頼しますが、その打合せにも時間を取られてしまいます。預貯金など

金融資産の名義変更を行い、お墓をどうするか考え、残存物を片付け……などなど初めて経験する人だと途方に暮れてしまうかもしれません。準確定申告や相続税の申告には期日が定められていますので、悲しみに暮れている暇はありません。

　ただでさえ大変な手続きなのに、相続人が遠隔地、特に海外に居住している場合には、帰国した際に慌ただしく手続きを進めなければならず、一つ一つのことについてゆっくり打合せすることもできません。必要書類に署名押印してもらう機会も限られ、サイン証明（15ページの脚注参照）が必要な場合、その取得にも時間がかかって、大変さが何倍にも増します。

▶処方箋①=相続発生 前 に行っておく対策

　遺言書を作成しておくことが効果的です。公正証書遺言もしくは法務局に保管を申請した自筆証書遺言であれば家庭裁判所の検認手続きが不要ですので、すぐに手続きを進められます。その他、遺言書作成のメリットをいくつか挙げておきます。

①遺言執行者を指定しておくと、相続手続きがスムーズに進みます。

②付言（14ページの脚注参照）に遺言作成の背景や心情を記載しておけば、遺言者の気持ちが相続人に伝わります。

③遺産分割の方法を代償分割と指定すると、遠隔地に居住する相続人の負担が軽減されます（15ページ、〈処方箋①〉参照）。

　また、遺言書と合わせ「エンディングノート」も作成し、どこに、何があるのか、誰に、何をすればいいのかなどを記載しておくと相続人は助かります。

▶処方箋②=相続発生 後 に行う対策

　手続きのために相続人の誰が動けるのか、それとも誰も動けないのかによりますが、誰も動けないのであれば、相続手続きを代行してくれる会社（相続手続き専門会社、司法書士や行政書士、信託銀行、信託会社など）を利用する手もあります。

　相続人の「委任状」があれば、印鑑証明書以外はほぼ取得することができますので、相続人が会社を休むことなく必要な書類などが揃います。

　遺産分割は代償分割にするとよいでしょう。

状況② 遺産分割の話し合いができない

▶どんな問題が起こるのか？

　相続手続きの中で時間がかかるのは、「遺産の確定」と「遺産分割協議」です。このうち、「遺産の確定」は相続手続きを代行してくれる会社に依頼することで、ある程度相続人の負担は軽減されますが、「遺産分割協議」は当事者にしかできません。

　相続人が海外など遠隔地にいる場合、遺産分割について話し合う機会が取れません。話し合いができなければ、遺産分割が成立しません。遺産分割が成立しなければ、相続税の申告で特例（**配偶者の税額軽減**＊、小規模宅地等の特例）の適用を受けることができませんし、不動産や金融資産の名義変更もできません。故人のお金も引き出すことができません。

▶処方箋①=相続発生 前 に行っておく対策

　状況①の〈処方箋①〉をご参照ください。

＊配偶者の税額軽減……被相続人の配偶者が遺産分割協議などにより財産を取得した場合、一定の要件のもと、①1億6,000万円、②配偶者の法定相続分、のどちらか多い金額まで相続税がかからない制度のこと。

▶処方箋②=相続発生 後 に行う対策

話し合いの機会については、当事者同士で何とかやり繰りするしかありません。

なお、重要な話し合いをメールやSNSなどのメッセージ機能で済ますことは極力避けるべきです。「限られた時間内で効率よく行いたい」という気持ちもわかりますが、文字では感情が伝わらず、良かれと思ってした提案でも誤解を生んでしまう場合があります。

メールなどを利用する場合は事務連絡に止め、核心的な部分は「face to face」で話し合うよう心掛けましょう。また、読んだ相手がどう感じるかを想像して文字を打つように注意してください。

状況❸ 争族になる可能性がある

▶どんな問題が起こるのか？

相続人同士が離れて暮らしている場合、往々にしてコミュニケーション不足に陥ります。

例えば、親と同居している相続人と遠隔地で暮らす相続人がいるケースで、両者の間に温度差が生じ、遺産分割協議に支障をきたしたことがありました。また、遠隔地で暮らす相続人が、「近所で暮らしていた相続人が親の財産を勝手に使い込んでいたのではないか」と疑いを持ったこともありました。

▶処方箋①=相続発生 前 に行うべき対策

日頃から家族間のコミュニケーションを大事にし、遠隔地に住む相続人がお正月やお盆、冠婚葬祭などに帰省や帰国をした際には、親の口から将来の希望を伝えておくとよいでしょう。なかなか言いにくい

ことかもしれませんが、元気な時にしかできないことですので、親の口からきちんと想いを伝えておきましょう。

　また、親の面倒を見る子は、親のお金や財産の管理に注意し、自身の財産との分別管理はもちろんのこと、透明性を心掛け、いつ、誰に、何を言われても説明できるよう、領収書やレシートなどを保管し、介護ノートなどに収支をつけておきましょう。

　そうした細かい日々の積み重ねが、将来の争族を未然に防ぐ布石になります。

▶処方箋②=相続発生 後 に行う対策

　当事者間で話し合いがまとまらなければ、弁護士など代理人を立てて話し合うことになりますが、弁護士の中には「依頼主の利益のために」と無理に依頼主の主張を通そうと頑張ってしまう人もいますので、揉めていないなら、なるべく当事者同士で話し合いましょう。譲り合いの精神を持ち、相手の話に耳を傾け、誠意をもって話し合ってください。

　弁護士への依頼は、当事者の専門知識の不足が原因で話し合いが進まない場合や、法的な手段しか残されていないと割り切った場合など、最終的な手段と考えてください。

■ワンポイントアドバイス

　相続手続きや遺産分割協議に時間がかかったとしても、相続税の申告期限は何があっても「死亡したことを知った日の翌日から10ヵ月以内」です。早目早目の対応を心掛けましょう。

相続人の仲が悪い

この発言から想像される状況は…

1. 本当に子どもたちの仲が悪い
2. 相続人の配偶者など外野の影響があるのかもしれない
3. 相続人の子が被相続人の養子になっているかもしれない

状況別　懸念される問題とその処方箋

状況❶ 本当に子どもたちの仲が悪い

▶どんな問題が起こるのか？

　相続人が不仲だと、遺産分割が成立しない可能性があります。遺産分割の成立には相続人全員の合意が必要ですから、不仲により合意が得られない場合、遺産分割は成立せず、不動産は故人名義のままとなり、売却はもちろん、建て替えもすることができません。

　また、故人名義の預貯金など金融資産の名義変更もできず、故人の金融資産を払い出すこともできません（ただし、平成30年に改正された民法〈相続法〉で制定された「預貯金債権の仮払い制度」により、令和元年7月以降は遺産分割が成立していなくても、当面の支払いに親の預貯金を使えるようになりました。28ページのコラム参照）。

　故人の財産が相続税の基礎控除額を超えている場合、相続税の申告が必要になります。遺産分割に合意できなかったからといって、相続税の申告期限の延長は原則として認められていませんので、未分割の状態で申告せざるを得ません。

　遺産分割が成立しない状態で申告した場合、「相続税の配偶者の税額軽減」や「小規模宅地等の特例」の適用を受けることができず、高い相続税を納税することになってしまいます。

▶処方箋①=相続発生 前 に行う対策

　少し仲が悪い程度なのか、それとも数年間口もきかないほど不仲なのかによって対応が異なりますが、まずは家族で話し合うことが重要です。それも、できれば相続人だけで一つのテーブルを囲み、話し合うことをおすすめします。

　争族の原因は家族間のコミュニケーション不足によることが多く、ちょっとした言葉足らずが時間の経過とともに大きな勘違いに発展している場合もあります。まずは腹を割って話し合いましょう。

　既に話し合いで解決できるレベルではないほど不仲な場合には、相続手続きを円滑に進めるために、遺言書を作成すべきだと思います。

▶処方箋②=相続発生 後 に行う対策

　どれだけ不仲であっても、まずは当事者同士で話し合うしかありません。互いにいがみあっていても、何も得られることはありません。とは言え、頭では理解していても歩み寄れないから不仲なのであって、そこに特効薬はありません。

　当事者同士での話し合いが難しい場合には、弁護士を介して話し合う方法があります。相続人の配偶者や親戚などを交えて話し合いを進

めることで事態が好転するケースもありますが、多くの場合、登場人物の増加と外野の口出しにより価値観が異なる意見が飛び交い、かえって話が複雑になります。間に入ってもらうのであれば、弁護士など専門家がよいと思います。

　弁護士に依頼しても合意できない場合は、家庭裁判所へ**遺産分割調停**＊を申し立てることになります。いきなり裁判しようと思っても、家庭裁判所ではまず調停に付し、調停が不調に終わった場合に審判に移行する流れになりますので、まずは調停を申し立てましょう。

状況❷ 相続人の配偶者など外野の影響があるのかもしれない

▶どんな問題が起こるのか？

　もともと相続人同士の仲は悪くなかったのですが、相続人の配偶者が余計な口出しをしてきたことで、不仲になってしまった家庭がありました。

　長男は家族と一緒に両親と同居していたのですが、それを面白く思っていない二男の嫁が、二男を通じ、義理の両親の相続対策に口を出してきたのです。

　「今は昔と違い、兄弟の相続分は２分の１ずつである」「長男は家賃を払わず実家で暮らし、既に恩恵を受けている」など…。おとなしい二男が自らそんな主張をするはずがなく、おかしいと思っていたところ、裏で指示を出していたのは二男の嫁だったのです。そのことが原因で、もともと仲が良かった兄弟が不仲になってしまいました。

　この事例で、当初相談に来た母親は、「子どもの仲が悪いのですが…」と発言しています。どのような事情なのか伺ったところ、原因が二男

＊**遺産分割調停**……遺産分割について、家庭裁判所の家事審判官（裁判官）と調停委員が当事者双方から言い分を聞き、調整に努め、解決策を提案するなど、話し合いで紛争の解決を図る制度のこと。

の嫁だったのです。

　相続相談をより有益なものにするためには、相談者の発言をそのまま鵜呑みにするのではなく、発言の裏に隠された背景を見逃さない嗅覚も必要です。

▶処方箋①=相続発生 前 に行う対策

　上記の例で言えば、本来、二男が毅然とした態度を取るべきでした。妻が納得いかなかったとしても、当事者である自分自身がどう考えるかを優先すべきでした。もちろん二男の妻も、立場をわきまえ、夫の実家の相続対策について口を挟むべきではありません。

　しかし、既に口火が切られている状態であれば、両親と長男、そして二男だけで一つのテーブルにつき、腹を割って話し合うべきです。

　そのうえで話し合いが不調に終わった場合、遺言書の作成を検討すべきです。この場合作成する遺言書は、長男に「書かされた遺言」ではなく自らの意思で作成されたものであることを明確にしておくために、公正証書遺言書もしくは法務局に保管を申請した自筆証書遺言書にしておくとよいでしょう。

▶処方箋②=相続発生 後 に行う対策

　二男が「兄」と「妻」、どちらの立場を尊重して考えるかによって進め方が異なります。

　両親の扶養や介護など、長男が負っていた負担や、先祖代々のお墓の管理、親戚付き合いなど、これから長男が担っていく負担に二男が気付いてくれれば、遺産分割が均等にならなくてもお互い誠意をもって話し合うことで合意点を見出すことができます。

　しかし、二男が目を覚まさず、嫁の言いなりになっているようだと、

当事者同士の話し合いでは解決しないかもしれません。その場合、弁護士に相談し、それでも解決しない場合は、家庭裁判所の調停、審判と、法的に処理するしかありません。

状況❸ 相続人の子が被相続人の養子になっているかもしれない

▶どんな問題が起こるのか？

遺言がない場合、遺産分割は相続人の話し合いにより決まります。どのような遺産分割になろうとも、相続人全員が合意すれば成立します。相続人の話し合いで合意できず法的な手続きに移行した場合、各相続人の相続分は法定相続割合を基準に考えられます。

相続人が子2人の場合、それぞれの相続割合は2分の1ずつになります。ところが、長男の子（つまり、親から見たら孫）が養子に入っていた場合、各人の相続割合は3分の1になります。そのことを二男が面白く思っていなかったとしたら、どうでしょうか？　それが子ども同士が不仲である原因だとしたら…。

親が孫を養子に迎えた理由が、家業の承継のため、相続対策のためなど、その家が抱える課題に対する対策の一つであったとしても、世帯ベースで考えると、二男の相続分が減り、養子を抱える長男世帯の相続分が増えるわけですから、二男が納得いかないと考えても不思議ではありません。

「相続人の仲が悪い」こと自体が問題なのは確かですが、その理由を正確に把握することが解決策を見出す最初の一歩になります。

▶処方箋①＝相続発生 前 に行う対策

　一番良いのは、養子縁組を結ぶ前に、そのことを二男へ説明し納得してもらうことです。事前にきちんと説明があり、皆の了解を得たうえで手続きを進めれば後々問題となる可能性は低くなります。

　既に養子縁組を結んでいる場合でも、説明が後先になってしまったことを詫びたうえで、両親の口から二男に対し事情を説明しておくことで、後日「聞いてなかった」となるトラブルを回避することができます。

　事前説明しても二男の了解を得られなかった場合や、納得いってないような態度が見られた、相続が争族に発展するような発言があった場合は、遺言書を作成しておきましょう。

▶処方箋②＝相続発生 後 に行う対策

　養子縁組がなかったものとして、世帯ベースで均等になるよう遺産分割すれば、それで二男の気持ちはおさまると思います。しかし、それでは逆に長男が納得いかないかもしれません。

　当事者同士の話し合いで遺産分割が合意に至らない場合、最終的には法的な手続きによらざるを得ません。そこまで進んでしまうと、お互い精神的にも経済的にも余計な負担を強いられることになり、決して得策とは言えません。

　そこを冷静に見極め、水際で合意するのか、感情を優先し、行くところまで行くのか、そこは当事者のスタンス次第ですので、コンサルタントとしては相談者に必要な情報を提供するしかありません。

　相続対策に裏技はありません。余計な税負担や精神的な負担を回避すべく、不仲の程度やその原因を早期に見極め、具体的な対策を講じましょう。

コラム 押さえておきたいプラスワン知識

預貯金債権の仮払い制度

　平成30年の民法（相続法）改正（令和元年7月1日施行）により、遺産分割が成立する前でも、一つの金融機関ごとに「相続開始時の債権額×3分の1×法定相続割合」まで相続人単独で引き出せるようになりました。ただし、一金融機関の上限は150万円までとなっています。

　この制度を利用すれば、遺産分割が成立する前でも当面の支払いに親の預貯金を活用できます。

こんな発言が出たら要注意！　04

親の面倒を「見ている子ども」と「見ていない子ども」がいる

この発言から想像される状況は…

1　親の介護などへの貢献度を巡り、争族になる
2　親のお金が私的に流用されている可能性がある
3　親のお金が私的に流用されていると疑われるかもしれない

状況別　懸念される問題とその処方箋

状況❶　親の介護などへの貢献度を巡り、争族になる

▶どんな問題が起こるのか？

　親の面倒を子が見るのは当たり前の行為ですので、余程のことがない限りそこに**寄与分**＊は発生しません。親の面倒をまったく見ない子がいたとしても、だからと言って面倒を見た子に寄与分が発生するわけではありません。子として高齢である親の扶養は当然の義務だからです。

＊寄与分……被相続人の財産の維持または増加について特別の貢献をした相続人が、その貢献に応じ、法定相続分よりも多く財産を取得できる制度のこと。

とは言え、親のために子が仕事を辞め、長期間にわたり介護に専念したなど、その負担が扶養義務を超える相当なものであれば寄与分が認められる可能性が高いと考えられます。ただし、寄与分が認められたとしても、その額は介護サービスを利用した場合にかかる費用の一定割合（50％～70％程度）に過ぎません。

　近年、介護保険で様々な介護サービスを利用することができるようになっていますので、療養看護に伴う寄与分が認められるハードルは高いと思ってください。

　もし親の面倒を見た子が、自身の貢献が寄与分として遺産分割の中で実現されると期待していたとしても、それは単なる希望的観測に過ぎず、満足いくレベルの結果（遺産分割）にはならないでしょう。結果、介護などへの貢献を巡って、争族に発展してしまう可能性があります。

▶処方箋①＝相続発生 前 に行っておく対策

　親の面倒を見ることについて、事前に子ども同士でよく話し合うべきです。肉体的な負担やかかる時間だけでなく、経済的な負担や精神的な負担などについても、「いつ」「誰が」「何を」「どのように」行うのか話し合い、必要な情報をお互い共有し、誰にどの程度負担が生じるのか、将来その負担をどのように精算するのかなど、ある程度合意しておくべきです。

　また、実際に親の面倒を見た場合、日記や介護ノートなどに日々の活動を記録しておくと、面倒を見ていない子に説明しやすくなり、勘違いから生じるトラブルを回避することができます。

　親として、面倒を見てくれた子へ多目に財産を相続させたいと考えるなら、その旨を記した遺言書を作成しておくとか、生命保険金の受取人を面倒を見た子に指定しておくことで希望を叶えることができます。

　面倒を見たのが長男の妻など相続人ではない場合、寄与分はありませんので、長男の妻の労に報いるためには、①元気なうちに長男の妻へ生前贈与しておく、②遺言で遺贈する、③長男の妻を死亡保険金の受取人に指定しておくなどの対策を講じてはいかがでしょうか。

　なお、相続人ではない長男の嫁などの寄与を念頭に、「特別寄与料」という制度が平成30年の民法〈相続法〉改正（令和元年7月1日施行）により創設されました。詳しくは36ページのコラムを参照いただければと思いますが、利用には慎重な検討が必要となる制度だと言えます。

▶処方箋②＝相続発生 後 に行う対策

　寄与分は当事者の主張だけで認められるものではありません。相手方が寄与を認め、寄与分を考慮した遺産分割が成立してはじめて実現されるものです。

　親の面倒を見た子が自らの負担を主張しても、実際に介護に携わっていない子にはそれがどの程度の負担なのか見当がつきません。そもそも親の介護は子として当然の義務ですから、いくら面倒を見ていない子がいたからと言って自動的に寄与分は発生しません。そのことを理解したうえで、介護負担の程度を客観的に示せる資料を先方へ提示し、理解を得るしかありません。

　当事者同士の話し合いや代理人弁護士同士の話し合いで合意に達しない場合は、遺産分割調停を申し立て、その中で寄与分を主張していくことになります。遺産分割調停が不調に終わり審判へ移行した場合、改めてそこで「寄与分の処分を定める調停申し立て」を行います。

　このように法的な手続きは面倒ですし、時間もかかります。親の面倒を見てきた子の気持ちはわかりますし、理不尽なこともよくわかりますが、冷静に話し合ってください。

状況❷ 親のお金が私的に流用されている可能性がある

▶どんな問題が起こるのか?

　面倒を見ている子が、介護の過程で親の財産を私的に流用している可能性があります。

　例えば、親の通帳から生活費を引き出す際、少し多目に現金を引き出し、その一部を自分の財布に入れてしまったり、遊興費に使ってしまったり、親の介護とはまったく関係のない費用に使ってしまうのです。

　過去には子が親のキャッシュカードを使い、勝手に現金を引き出し、親の同意を得ず自分の家族全員に毎年110万円ずつ配り、後日「これは生前贈与だ」と主張した人もいました。

　面倒を見ているのだから、これくらい構わないだろうと考えてしまいがちですが、ちょっとした甘い考えが後で大きなトラブルを生みますので、ご注意ください。

▶処方箋①=相続発生 前 に行っておく対策

　親の財産を相続人全員が確認できるような体制を整えるべきです。介護ノートや家計簿に記録をつける、入出金のつど、通帳にメモ書きする、領収書やレシートを保存しておくなど、財産管理をきちんと行ってもらうべきです。杜撰な管理を認めてしまうと、後日、使途不明金は発見できても、それが一体何に使用されたのか問いただす術がありません。

　その代わり、親は、財産を管理してもらう負担に報いるため、面倒を見てくれている子の世帯へ財産の一部を贈与するとか、相続が発生したときに、親の面倒を見た子の相続分が多くなるように、遺言書を

作成しておくなど、配慮してあげましょう。

▶処方箋②=相続発生 後 に行う対策

　以下、長男が親の財産を管理していると仮定して説明します。

　親の通帳を見れば、いつ、いくら引き出されているのかがわかります。その額に不自然なところがなければ問題ありません。

　もし親の通帳が見つからない場合（例えば、長男が隠したり廃棄しているなど）は、取引金融機関へ取引履歴の開示を請求しましょう。通常、請求した日から過去10年分さかのぼった資料を交付してもらえます。取引履歴の開示請求にかかる費用は金融機関によって異なりますので、個別にお問い合わせください。

　調査により親のお金が不当に減少していることが判明した場合、それが長男による私的流用であることが明らかなのか否か、明らかな場合には、それを長男が認めているのか否かにより、とるべき法的手続きが異なります。

（ア）長男による私的流用であることが明らかな場合

　長男の同意を得ることなく、引き出されたお金が遺産分割時に存在するものとして相続手続きを進めることができます（民法906条の2第2項）。

（イ）長男による私的流用であることが明らかでない場合（誰が引き出したのか不明な場合）

　相続人全員の同意を得て、引き出されたお金が遺産分割時に存在するものとして相続手続きを進めることができます（民法906条の2第1項）。

【民法906条の2】（遺産の分割前に遺産に属する財産が処分された場合の遺産の範囲）

1　遺産の分割前に遺産に属する財産が処分された場合であっても、共同相続人は、その全員の同意により、当該処分された財産が遺産の分割時に遺産として存在するものとみなすことができる。

2　前項の規定にかかわらず、共同相続人の一人又は数人により同項の財産が処分されたときは、当該共同相続人については、同項の同意を得ることを要しない。

（ウ）長男による私的流用であることが明らかで、それを長男が認めている場合

　長男が事前に取得した分は特別受益（財産の前渡し）として遺産分割を話し合うことになります。

状況❸　親のお金が私的に流用されていると疑われるかもしれない

▶どんな問題が起こるのか？

　実際にはやっていなくても、面倒を見ている子が、介護負担の旗のもと、親の財産を私的に流用している可能性があると他の相続人から誤解を受ける場合があります。

　状況②は、親の面倒を見ていた子が実際にお金を使ってしまっているケースでしたが、状況③は、実際には使っていないのに、使っているのではないかと疑われてしまうケースです。

▶処方箋①=相続発生 前 に行っておく対策

　日頃から親と子の財産をきちんと分別管理することはもちろん、親のために使用したお金の領収証やレシートはきちんと保存し、介護ノートや家計簿に記録をつけ、あるいは入出金のつど通帳にメモ書きしておくなど、入出金の足跡を残しておくと後日の誤解を防げます。

　いい加減に管理していると、自ら身の潔白を証明できなくなってしまいますのでご注意ください。

▶処方箋②=相続発生 後 に行う対策

　親の財産の支出（使途）と残高に整合性が取れていれば、領収書などがなくてもある程度納得してもらえます。しかし、疑いを完全に晴らしたいのであれば証拠が必要になりますので、記録や領収書などが重要です。説明しても納得してもらえない場合は、相手方に法的措置を取ってもらい、その過程で身の潔白を証明すればいいと思います。

　以前、親の面倒を見ていた長男が、二男から、親のお金を私的流用しているとの疑いをかけられたことがありました。長男は、私的流用の疑いを晴らすべく、自分の家族を含め全部の通帳を二男に開示したのですが、二男は「他にも銀行があるかもしれないし、現金でタンスにしまっているかもしれない」と納得してくれませんでした。やはり、対策は生前に行うべきでしょう。

> ### ■ワンポイントアドバイス■
>
> 　事前に対策を講じていない状況で私的流用の問題が起こった場合は、それが法的に処理すべき問題なのか否か、法的に処理して納得が得られるのか否か、冷静になって検討すべきである。

特別寄与料

　長男の妻（嫁）が夫の親の面倒を見たのに、相続では報われない…。よく聞く話です。従来、相続人に対する「寄与（寄与分）」は民法に定められていたものの、相続人ではない長男の嫁などの寄与については定められていませんでした。

　そこで、平成30年7月6日に民法の一部を改正する法律が成立し、「特別寄与料（民法1050条）」が創設され、令和元年7月1日に施行されました。

【民法第1050条】（特別の寄与）

　被相続人に対して無償で療養看護その他の労務の提供をしたことにより被相続人の財産の維持又は増加について特別の寄与をした被相続人の親族（相続人、相続の放棄をした者及び第891条の規定に該当し又は廃除によってその相続権を失った者を除く。以下この条において「特別寄与者」という。）は、相続の開始後、相続人に対し、特別寄与者の寄与に応じた額の金銭（以下この条において「特別寄与料」という。）の支払を請求することができる。　　　　　　（下線は筆者）

　これにより、義親に相続が発生した場合、嫁（特別寄与者）は相続人全員に対し、自身の介護貢献に対する金銭の支払い（特別寄与料）を請求することができるようになりました。

　なお、「特別寄与料」を請求できるのは被相続人の親族だけであり、親族関係にない他人や内縁の人は請求することができません。

　また、嫁が受領した「特別寄与料」は相続税の課税対象になり、しかも嫁は「被相続人の一親等の血族及び配偶者以外の人」に該当するため負担する相続税額は2割加算されてしまいますので、実際に請求するかどうかは慎重に検討してください。

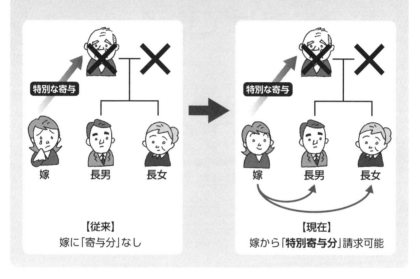

一部の子どもや孫にだけ お金をあげている

この発言から想像される状況は…

1 もらえていない人が不公平感を募らせているかもしれ
ない
2 生前贈与を含めて遺産分割を話し合う必要がある
3 名義預金になっている可能性がある

状況別　懸念される問題とその処方箋

状況❶ もらえていない人が不公平感を募らせている
かもしれない

▶どんな問題が起こるのか？

　一部の相続人や親族に偏った生前贈与や生活費の供与、学資の援助
などを行っていた場合、不公平感が争族を生む可能性があります。

　お金をあげた理由は、経済的な援助、孫の学資、相続税対策、老後
の面倒を見てもらう謝礼などいろいろだと思いますが、結果としても
らっていない側から見たら、「なぜ○○にだけ…」と不公平に映り、
そのことが原因で遺産分割が難航するかもしれません。

　良かれと思って行った行為であっても、思わぬ展開に発展する可能性がありますので注意しましょう。

▶処方箋①=相続発生 前 に行っておく対策

　「好き」「嫌い」を背景として行われた贈与や援助であれば、起こるべくして起こった争族と言えますが、きちんとした理由があるのであれば、実行する前に当事者以外の親族にも説明し同意を得ておくべきです。

　何も知らせず、後日お金だけが動いていた事実が判明するより、事前に説明を行い、「聞いていない」と言わせないほうが、もらう側にとっても助かりますし、相続後の余計なトラブルを回避するのにも有効です。

　ただし、贈与は当事者間の合意により成立する民法上の契約行為ですから、当事者以外の了解が得られなかったからと言って贈与そのものを中止するのはいかがなものかと思います。「あげたい」という贈与者（援助者）の気持ちも大切にしなくてはいけません。

　もし贈与や援助が争族を招く恐れがあるようでしたら、遺言書を作成すべきです。その際、付言にお金をあげた背景や心情などについて記載しておくことで真意を残すことができます。

　とは言え、文字（遺言）よりも言葉のほうが相手に伝わりますので、まずは直接説明することをおすすめします。

▶処方箋②=相続発生 後 に行う対策

　法的な問題と精神的な問題を分けて考える必要があります。まず、法的な問題について説明します。

　贈与などによる財産の提供が受贈者の生活費や教育費といった「扶養」に該当するものである場合、原則それらの財産の提供は遺産分割

に影響を与えません。しかし、財産の提供が「特別受益」に該当する場合、財産の前渡しとして、それらを考慮したうえで遺産分割を話し合うことになります。

　これはあくまで法的な話であり、精神的には納得いかない相続人もいると思います。気持ちはわかります。しかし、当事者間の話し合いが決裂し、最終的に調停や審判など法的な処理に委ねられた場合、財産の提供が特別受益に該当すればまだしも、該当しない場合、もらっていない側の気持ちを納得させる結論には至らないと思ってください。

　ですので、もらった側はもらっていない側の気持ちを考え、もらわなかった側はゴネても法的にプラスの方向に働かない現実を理解し、話し合いましょう。

　なお、受贈者などが相続人ではない場合、特別受益の考え方はありませんので、不公平を主張する相続人がいたとしても、遺産分割上、法的にそれらの贈与などを考慮する必要はありません。

状況❷ 生前贈与を含めて遺産分割を話し合う必要がある

▶どんな問題が起こるのか?

　相続人に対する生前贈与は「特別受益（財産の前渡し）」として遺産分割の際に考慮されるのが原則です。そのため、生前に多額の贈与を受けている相続人は、相続で何ももらえない、もしくはもらえても少しだけとなってしまう場合があります。

　「生前にもらったものは遺産分割に関係ない、相続発生時に残っていた遺産だけが分割対象である」と考える方がいます。「それでいい」と当事者間で合意しているのであれば問題ありませんが、法的に考え

た場合、筋が通りません。

　一方、相続人ではない孫に対する贈与は特別受益に該当しませんので、遺産分割上考慮する必要はありません。しかし、例えば孫のいる子と子宝に恵まれなかった子がいる場合、孫に対し贈与を行うと偏った贈与になってしまい、世帯ベースで見た場合の財産取得額に不公平が生じてしまいます。法的には考慮する必要がなくても、精神的にはしこりを残す結果となる恐れもありますので、慎重に検討しましょう。

　なお、扶養義務者相互間における生活費や教育費は贈与税の課税対象外ですが、前にも述べたとおり、偏った贈与や必要以上の援助が争族を生んでしまう可能性もありますので注意しましょう。

▶処方箋①=相続発生 前 に行っておく対策

　状況①の〈処方箋①〉同様、事前説明および、もらわない側の同意が余計なトラブルを回避する最良の方法です。事前説明しても理解が得られなかった、もしくは時の経過とともに気持ちが変わってしまう懸念があるようでしたら遺言書を作成しましょう。

　贈与などを遺産分割の際に考慮してほしくない（贈与などを遺産分割の対象としないでほしい）のであれば、遺言書に「**持戻し免除**」*の条項を設けておくとよいでしょう。

▶処方箋②=相続発生 後 に行う対策

　状況①の〈処方箋②〉同様、法的な問題と精神的な問題は分けて考える必要があります。詳しくは状況①の〈処方箋②〉をご参照ください。

＊**持戻し免除**……相続分を算定する基礎財産を決定するにあたって、被相続人から相続人への一定の贈与などを考慮しないよう遺言などで意思表示しておく制度のこと。

状況❸ 名義預金になっている可能性がある

▶どんな問題が起こるのか?

　「(子どもや孫に) お金をあげた」と言うので、話を聞いてみると、もらう側の子どもや孫の通帳や印鑑を、あげた人が管理していることがよくあります。

　理由を聞いてみると、「本当にあげてしまうと使ってしまうから」とか「無駄遣いしてしまうから」といった答えが返ってくることが多いのですが、それでは贈与は成立しません。

　贈与は民法上の契約行為であり、財産をあげる人(贈与者)の「あげる」気持ちと、もらう人(受遺者)の「もらう」気持ち、両方がそろって初めて成立します。通帳や印鑑があげた人の手元で管理されている状態では、もらった側は自由にそのお金を使えませんので、あげたことになりません。つまり、贈与は成立しないのです。

　「あげたことにしている」預貯金のことを「名義預金」と言います (15ページの脚注参照)。名義預金は名義人の財産ではありませんので、あげた人に相続が発生した場合、相続税の課税対象になりますし、遺産分割の対象財産にもなります。

　「一部の子どもや孫だけにお金をあげている」と言うと、不公平や争族の懸念ばかりに目がいってしまいますが、その行為が名義預金に該当している場合もありますので、贈与などの方法や、そのお金の管理運用の状況などをしっかりヒアリングしましょう。

▶処方箋①=相続発生前に行っておく対策

　「贈与とはどういうことを言うのか」をきちんと理解することが重要です。贈与成立の極意は「あげる」ことです。「あげたことにして

いる」ではありません。

　年間110万円以内の贈与であれば贈与税はかかりませんが、税金がかかることと贈与が成立していることは違いますので、たとえ年間110万円以内の贈与であっても、通帳や印鑑を名義人自身が管理し、名義人の自由な使用収益権が確保されていることなど、贈与の成立要件を整えておくことが必要です。

▶処方箋②=相続発生 後 に行う対策

　財産の名義が子や孫になっていても、名義預金であれば真の所有者はあげた人（贈与者）ですから、真の所有者に相続が発生し、相続税を申告する際、名義預金を相続財産に計上しなければいけません。被相続人名義じゃないからと言って相続財産に計上しないと、財産に漏れがあったとして追徴税（過少申告加算税や延滞税）の対象になりますので注意してください。

　また、名義預金は遺産分割の対象ですから、相続人間で、誰が、どのように相続するのか話し合ってください。

ワンポイントアドバイス

　将来相続人が困らないよう、偏った生前贈与や援助は慎み、納得感が得られやすい状態にしておくべき。特に、相続人ではない親族への援助にも注意しましょう。

こんな発言が出たら要注意！ 06

特定の相続人に 多く財産を相続させたい

この発言から想像される状況は…

1 偏った遺産分割により争族になるかもしれない
2 何か特別な事情があるのかもしれない
3 このお客様は地主なのかもしれない
4 このお客様は会社を経営しているのかもしれない

状況別　懸念される問題とその処方箋

状況❶ 偏った遺産分割により争族になるかもしれない

▶何が問題なのか？

　財産は所有者（親）のものですから、誰に、何を、どれくらい相続させるかは、本来親の考えが反映されるべきだと思います。親の考えが正しく伝わり、相続人もその意思を尊重するのであれば何も問題は起こりません。しかし、考えが正しく伝わっていない、あるいはその考えに相続人が納得していない場合、親の希望が実現されない可能性が高まります。

　親の考えを実現させるためには、遺言を作成することが一番の近道

ですが、遺留分の問題がありますので、親の意向が100%実現できるかと言うと、必ずしもそうではありません。

　相続人が複数いても、一部の相続人に多くの財産を承継させたいと考える方もいるでしょう。それ自体、財産の所有者である親の考えですし、いろいろな事情があるのでしょうから、そこを否定するつもりはありません。ただ一方で、親の気持ちが伝わらないまま偏った遺産分割を通そうとすると、それを面白く思っていない相続人が文句を言ったり、手続きで嫌がらせをしたり、**遺留分***の侵害を主張されるなど、残された相続人がトラブルに巻き込まれてしまう恐れが生じます。

　民法では法定相続割合が定められ、一定の相続人には遺留分権が認められています。つまり、法が極度に偏った遺産分割を認めていないと言えるでしょう。

　法と気持ち、どちらを基準に考えるかは人それぞれですが、争いとなった場合、法的な処理となります。

▶処方箋①＝相続発生 前 に行っておく対策

　まず、親が相続人全員に自らの口で遺産分割の希望を伝え、なぜそうしたいのか、どうしてそうなのか、きちんと説明し理解を求めるべきです。

　揉めている家庭の多くは、財産額の大小に関係なく、家族間のコミュニケーション不足が原因であることを覚えておいてください。

　相続人が納得すればそれでよいのですが、納得しない、口では納得しているように言っているが実際に相続が発生した場合どうなるかわからないのであれば、遺言書を作成しておきましょう。特に、そのような配分を希望した背景や心情などをしっかり付言に記載しておいてください。

***遺留分**…… 一定の範囲の法定相続人に認められる、最低限の遺産取得分のこと。

相続する財産が少なくなってしまう相続人へ、遺留分に見合うだけの財産を相続させる旨の遺言書を作成する考え方もありますが、そのような遺言書を作成するか否かはケースバイケースだと思います。

　と言うのも、遺留分権を行使するかどうかは権利を有する人の判断ですので、検討の結果、権利を行使しない方もいらっしゃいます。遺留分相当の財産を相続させる旨の遺言書を作成してしまうと、もらうつもりがなかった相続人に対し財産を相続させることになってしまいますので、果たしてそれが遺言者の希望をかなえることにつながるのか疑問が残ります。

　もちろん、そのような遺言書を作成することで争族を回避できるケースもあるでしょうから、状況に応じて判断するしかありません。遺留分を無視した遺言書を作成し、「遺留分を請求されたら払えるようにしておけばよい」という割り切り方もあると思います。

　なお、遺留分を満たしているかどうかは、相続税評価額ではなく時価で判定することにご注意ください。

　受取人指定のある生命保険金は原則、遺産分割の対象外ですので、遺留分請求に対する支払い原資として有効です。遺留分を請求される可能性がある場合、遺留分を請求される相続人を受取人に指定して加入しておくとよいでしょう。

▶処方箋②＝相続発生 後 に行う対策

　遺産分割の偏りに納得感があるかどうかがポイントです。遺言がない場合、当事者同士で話し合い、当事者間で解決がつかなければ弁護士などを交えて話し合い、それでも駄目なら家庭裁判所で調停→審判の流れとなります。揉めて得する人はいませんが、わかっていてもドロ沼化するのが相続です。

　遺言がある場合、遺留分の問題になりますが、令和元年7月1日に施行された民法（相続法）改正により、遺留分の制度が大きく変わりました。詳しくは51ページのコラムをご参照ください。

　なお、親の面倒を見たのだから多く財産を相続できるはずだと寄与分を主張する方がいますが、親の面倒を見ることは子として当然の行為（扶養義務）ですので、特別な寄与がない限り寄与分は発生しないことも覚えておいてください。

状況❷　何か特別な事情があるのかもしれない

▶発言の裏にあるものは?
　「特定の相続人に多く財産を残したい」ということは、言い換えれば「他の相続人が相続する財産を少なくしたい」ということにもなります。その両面について、どのような事情によるものなのか、なぜそう考えたのか、相談者の発言の裏にある背景や事情を探ることで、より効果的な解決策を助言することができます。

▶処方箋①=相続発生 前 に行っておく対策
　次ページに、「特定の相続人に多く財産を残したい」理由として考えられること、および「他の相続人が相続する財産を少なくしたい」理由として考えられることを挙げ、それぞれについて、その対策をまとめました。

▶処方箋②=相続発生 後 に行う対策
　遺言がない場合は、相続人間で話し合うしかありません。

特定の相続人に多く財産を残したい理由とその対策

理由	対策
①オーナー社長のため、後継者へ自社株を相続させたい	遺言作成、事業承継税制（非上場株式等に係る納税猶予の特例）の活用、遺留分の放棄、民法特例の活用など
②代々続く地主のため、家督相続の考え方が色濃く残っている	遺言作成、農地に係る納税猶予制度の活用、遺留分の放棄など
③障がいを抱えている子や孫に多く財産を残したい	遺言作成、教育資金の一括贈与、生命保険、特定贈与信託など
④子の資産背景や所得水準に開きがあるため、所得の低い子へ多く相続させたい	遺言作成、教育資金の一括贈与、生命保険、相続人以外への贈与、生活費の援助など
⑤老後の面倒を見てもらう子へ多く財産を渡したい	遺言作成、暦年贈与、生命保険など

他の相続人が相続する財産を少なくしたい理由とその対策

理由	対策
①生前、多額の援助・贈与をしている	遺言の付言充実、遺留分の放棄
②資金を貸し付けているが、返済されていない	借用書（金銭消費貸借契約書）、返済予定表、返済履歴の記載がある通帳などの整理
③特定の相続人から虐待や重大な侮辱を受けている。著しい非行がある	廃除（生前廃除・遺言廃除）
④婚姻しているが子がいないため、相続しても配偶者へ財産が渡ってしまう	遺言作成、**民事信託** *
⑤未婚のため、相続しても次が困る	遺言作成、**民事信託** *

＊**民事信託**……財産の保有者（委託者）が、自身の財産の管理や処分を信頼できる第三者（受託者）に託し、信託契約で定めた目的に従って運用してもらう制度のこと。信託による利益を受ける人を受益者という。

状況❸ このお客様は地主なのかもしれない

▶なぜそう考えられるのか？

　農家であれば、家督相続的な考え方が色濃く残っており、田畑は後継者である長男に単独で相続させる場合がほとんどですので、「特定の相続人に多く財産を相続させたい」と発言される方は少なくありません。

　また、農家でなくても、例えば、複数の相続人が分割して相続することが難しいビル1棟が財産の場合、「特定の相続人に多く財産を相続させたい」と発言する場合もあります。つまり、気持ちの問題というより、物理的に分割が困難な状況が想定されます。

▶処方箋①＝相続発生 前 に行う対策

　親から遺産分割に関する希望や気持ちを子どもたちに説明して理解を求め、納得を得ておくことが重要です。

　口頭だけでは不安な場合、遺言を作成しておくか、あるいは田畑を相続する長男との間で**死因贈与契約*** を結んでおく手が考えられます。民事信託（前ページ図表の*参照）を組成する方法もあるでしょう。いずれにしても遺留分の問題は残りますので、万が一に備え、長男が遺留分に見合う金銭を支払えるよう準備しておくべきです。それには例えば、長男を受取人とした生命保険に加入しておく手もあります。

▶処方箋②＝相続発生 後 に行う対策

　田畑やビルを相続する長男が、他の相続人へ相続分に見合う金銭を交付する「代償分割」の方法で合意できれば、田畑やビルの分割を防ぐことができます。

＊死因贈与契約……贈与者と受贈者との間で、「贈与者が死亡した場合、財産を受贈者に贈与する」という死亡を原因とした贈与契約を結ぶこと。

ただし、代償分割を成立させるためには相手の合意が不可欠ですので、長男側の意向だけでは成立させることができません。譲り合いの精神を持ち、法が均等分割を求めていることを理解したうえで話し合ってください。

状況❹　このお客様は会社を経営しているのかもしれない

▶なぜそう考えられるのか？

　会社経営者の場合、財産の過半を自社株が占めている可能性があります。自社株が分散してしまうと会社の支配権に影響が出てしまいますので、自社株は後継者が単独で相続することが基本です。

　状況③同様、物理的に分割できない、あるいは分割に馴染まない自社株が相続財産の過半を占めている場合、どうしても不公平な分割は避けられず、それにより争族に発展してしまうケースもあります。

▶処方箋①＝相続発生 前 に行う対策

　状況③の〈処方箋①〉をご参照ください。

　その他、会社が父を被保険者とした役員保険に加入し、父に相続が発生した場合、その保険金を原資として長男へ死亡退職金を支払う方法もあります。退職金の額、支給に伴う手続きなどについては専門的な知識を要しますので、具体的に検討する場合は、税理士や弁護士、司法書士など専門家に相談してください。

▶処方箋②＝相続発生 後 に行う対策

　状況③の〈処方箋②〉をご参照下さい。

ワンポイントアドバイス

　対策（案）はたくさん考えられますが、遺留分の問題は避けられず、また法が不平等相続を認めていない以上、できることには限界があります。その前提を踏まえ、税理士や弁護士など専門家を交え検討してください。

コラム　押さえておきたいプラスワン知識

改正後の遺留分対策

　改正前の「遺留分減殺請求」では、遺留分を侵害された相続人（遺留分権利者）が遺留分権を行使した場合、遺留分を侵害した限度で処分行為は失効し、減殺請求された財産は遺留分を侵害した人（遺留分義務者）と遺留分権利者との共有状態になりました。そのうえで共有状態となった財産の解消について話し合うのが遺留分解決の流れでした。

　改正後は「遺留分侵害額請求」と名称が変わり、遺留分権利者は遺留分義務者に対し遺留分相当額の金銭を請求できるだけになりました。つまり、物権的請求権から金銭的請求権へ改正されたのです。

　改正後の遺留分対策は、「お金を用意しておくこと」に尽きます。相手が不動産や株式でも構わないと言ったとしても、遺留分は金銭債権ですから、遺留分義務者が不動産や株式など含み益のある財産を遺留分権利者へ交付した場合、遺留分義務者が不動産や株式を譲渡したとみなされ、譲渡所得税が課税されてしまうのです。

こんな発言が出たら要注意！ 07

配偶者や子ども以外の人に財産を渡したい

この発言から想像される状況は…

1 争族になるかもしれない
2 人に言えない話があるのかもしれない

状況別　懸念される問題とその処方箋

状況❶　争族になるかもしれない

▶どんな問題が起こるのか？

　この発言を言い換えると、「相続人以外の人へ財産を取得させたい」ということになります。

　財産は本人のものですので、自分の財産を誰にどうしようが、本来それは自由だと思います。しかし、当然自分たちが相続するであろうと考えていた相続人にとっては"寝耳に水"の話ですので、その理由や金額によっては、遺留分侵害額請求権の行使はもちろんのこと、争族となることは想像に難くありません。

　そもそも相続人ではない人には相続権がありませんから、財産を渡す方法を考えなければいけません。たとえ故人の意志であっても、遺

言などがない限り相続権がない人は直接財産を取得することができないのです。

　また、相続人以外の人が財産を取得した場合、その人に相続税の申告納税義務が生じ、かつ相続税が2割加算されてしまうことにも要注意です。例えば、孫に財産を遺贈した場合、孫が未成年であっても申告納税義務が生じますし、見せたくない全財産の概要も見せることになってしまいます。

▶処方箋①=相続発生 前 に行う対策

　争族を回避する方法について、「これをやったら絶対大丈夫」といった魔法はありません。本書でも、別の項目で「コミュニケーションが大事」「事前の説明と合意」「遺言作成」などいくつかの対策案を提示していますが、あくまで"しておいたほうがよい"程度の話であり、"しておけば絶対に揉めない"わけではありませんので、誤解のないようお願いします。

　相続人にとって「青天の霹靂」とならないよう、事前の説明、根回しは必要以上に丁寧に行ってください。

　相続人以外の人へ財産を渡す方法としては、①生前贈与、②死因贈与契約、③遺言（遺贈）、④保険金の受取人指定などが考えられます。

　例えば、自分の死亡後に、孫にお金を渡したいのであれば、その旨の遺言書を作成するより、加入している生命保険契約の死亡保険金受取人を孫に指定するほうが簡単かもしれません（死亡保険金の受取人については55ページの処方箋①をご参照ください）。

　老後の面倒を見てくれている長男の嫁へ、感謝の気持ちを表したいのであれば、今のうちにお金を贈与するほうが気持ちが伝わります。

　自身が創業した会社の株式を、親族以外の後継者へ渡したいのであ

れば、新事業承継税制（非上場株式に関わる納税猶予制度。122ページのコラム参照）を活用し生前贈与する、あるいは後継者との間で死因贈与契約を締結するといった方法が考えられます。

　このように、「誰に」「何を」「いつ」あげたいのかにより選択すべき方法が異なりますので、メリット・デメリット、税負担などを比較し、検討してください。

▶処方箋②＝相続発生 後 に行う対策

　法的に有効な遺言がない限り、相続権のある人（相続人）しか相続財産は取得できません。相続人に理解があれば、故人の意志として、相続人が財産を相続した後、売買や交換、贈与などの方法により、被相続人が希望していた相続人以外の人へ財産を移転させることができますが、相続人に理解がない、もしくは故人の考えに納得していない場合は、被相続人の希望は叶えられません。

　なお、相続人が一度取得した財産を相続人以外の人へ移転させる場合、相続時には相続人に相続税が発生し、その後、相続人から相続人以外の人へ譲渡により財産を移転させる場合には相続人に所得税が、贈与（＝無償譲渡）により財産を移転させる場合には移転を受ける相続人以外の人に贈与税が発生する場合がありますので、こうした移転にかかる税負担や手続きに要する費用を踏まえたうえで検討してください。

状況② 人に言えない話があるのかもしれない

▶どんなことが考えられるか？

　過去にあったケースとして、
①愛人にあげたい

②信仰している宗教団体へ寄付したいが、家族の同意を得られない

③独身の妹にあげたいが、妹と妻が不仲である

④世話になった人（他人）にあげたいが、世話になった理由は他言できない

など、相続人に事前に説明することができない、仮にできたとしても説明することでかえって揉めてしまうような事例がありました。

　相続人の理解が得られなかったとしても、それでもあげたいのであれば、その具体的な方法を模索しなければなりません。

▶処方箋①＝相続発生 前 に行う対策

　このような相談があった場合、筆者は生前贈与・生前の寄付をおすすめしています。相続発生後に渡すと、もらった側に相続税の申告納税の問題が生じてしまうからです。また、生前に渡したほうが、互いの意思をしっかり確認することができ、当事者の一方が亡くなった後に手続きするよりトラブルが少なくなることも理由の一つです。

　平成22年の保険法改正により、生命保険金の受取人を遺言で変更することが可能となりました。お金をあげたいのであれば、この方法を活用し、既加入の生命保険契約の受取人を相続人以外の人へ変更する手も考えられます。

　しかし、保険会社へ受取人変更手続きを行わず、遺言で受取人を変更しただけだと、保険証券記載の受取人と遺言書記載の受取人が異なる状態になってしまい、保険証券記載の受取人が先に受取手続きを行ってしまうと、（保険会社は免責されるため）遺言書記載の受取人は、自力で先に受け取った相続人へ保険金の返還を求めなければいけなくなります。

　このように、この方法は争族を大きくしかねない手続きになります

ので、あまりおすすめできません。

▶処方箋②=相続発生 後 に行う対策

状況①の〈処方箋②〉をご参照ください。

ワンポイントアドバイス

　相続は相続権がある人しか受け取れませんので、具体的な方法を検討する必要があります。特に、課税関係や手続き負担についても考慮しましょう。

コラム 押さえておきたいプラスワン知識

遺贈による所有権移転登記（相続登記）の簡略化

　「遺贈する」と記載された遺言書に基づき受遺者へ所有権移転登記（相続登記）を行う場合、原則として遺言執行者と受遺者が共同で申請しなければいけません。もし遺言書に遺言執行者の指定がない場合、相続登記を行うためには家庭裁判所に遺言執行者の選任を申し立てる必要があります。

　ただし、令和5年4月1日に施行された不動産登記法の改正により、受遺者が相続人の場合は、「遺贈する」遺言であっても遺言執行者の選任申立ては要せず、「相続させる」遺言と同様に、受遺者である相続人が単独で登記申請することができるようになりました。

こんな発言が出たら要注意！ 08

大きな保険金をもらう子どもや孫がいる

この発言から想像される状況は…

1. 争族に発展する可能性がある
2. 相続税が割増しになる可能性がある
3. 背景に何かあるのかもしれない

状況別　懸念される問題とその処方箋

状況❶ 争族に発展する可能性がある

▶どんな問題が起こるのか？

　受取人指定のある生命保険金は民法上の相続財産ではないため、原則として遺産分割の対象外ですが、原則には例外があります。

　保険金額、保険金額が遺産に占める割合、同居の有無、故人の介護貢献度合い、親子や兄弟間の人間関係、各相続人の生活実態などによっては、特別受益（財産の前渡し）に準じて、その保険金を相続財産に持ち戻し、遺産分割について話し合う場合もあります（次ページの判例参照）。

　大きな保険金が支払われる場合、保険金を含めて遺産分割を話し合

保険金の持戻しに関する判例

【最高裁判所第2小法廷　平成16年10月29日（抜粋）】

～上記の養老保険契約に基づき保険金受取人とされた相続人が取得する死亡保険金請求権又はこれを行使して取得した死亡保険金は、民法903条1項〈注：特別受益者の相続分〉に規定する遺贈又は贈与に係る財産には当たらないと解するのが相当である。もっとも、上記死亡保険金請求権の取得のための費用である保険料は、被相続人が生前保険者に支払ったものであり、保険契約者である被相続人の死亡により保険金受取人である相続人に死亡保険金請求権が発生することなどにかんがみると、保険金受取人である相続人とその他の共同相続人との間に生ずる不公平が民法903条の趣旨に照らし到底是認することができないほどに著しいものであると評価すべき特段の事情が存する場合には、同条の類推適用により、当該死亡保険金請求権は特別受益に準じて持戻しの対象となると解するのが相当である。上記特段の事情の有無については、保険金の額、この額の遺産の総額に対する比率のほか、同居の有無、被相続人の介護等に対する貢献の度合いなどの保険金受取人である相続人及び他の共同相続人と被相続人との関係、各相続人の生活実態等の諸般の事情を総合考慮して判断すべきである。

（下線および〈注〉は筆者）

うのか、それとも保険金を除いた残りの財産について話し合うのか、決めなくてはいけません。

　相続人全員が合意すれば、どのような条件に基づいて話し合っても何ら問題ありませんが、1人でも納得しない相続人がいる場合、その

保険金が遺産分割の対象外なのか、それとも対象なのか、判断しなければいけません。

　最終的な判断は裁判に委ねられますので、保険金が遺産分割の対象なのか否かを巡り争族に発展する可能性があります。

　また、保険金が遺産分割の対象外であったとしても、それはつまり一部の相続人に大きな保険金が支給されることを意味しますので、不公平が争族を生んでしまいます。特に、相続人ではない孫が保険金の受取人として指定されている場合、保険金は遺産分割とは関係なくなりますので、世帯ベースで見た場合の不公平を法的に是正することができず、争族に拍車をかけることになります。

▶処方箋①＝相続発生 前 に行う対策

　なぜ、そのような契約をしたのか、事前に家族へその理由や目的を伝えておくべきです。皆が納得すれば後々問題は起こりません。

　伝えられない理由がある場合や、伝えることでかえって揉めてしまう場合、そもそも争族を回避できない可能性が高い場合は、遺言書を作成しておきましょう。

　遺言書を作成する際、保険契約について触れるか、触れないかはケース・バイ・ケースです。受取人指定のある保険金は民法上の相続財産ではありませんので、遺言書に記載する必要がないからです。

　記載しても差し支えありませんが、記載してしまうと、黙っていればわからなかったかもしれないことを自ら開示する"やぶ蛇"になり、相手を刺激してしまうかもしれません。

　では、記載しなければわからないかと言うと、相続税申告の際にわかってしまいます。相続税の申告が不要であれば、黙っていればわからないかもしれませんが、大きな保険金が支払われる相続ですから、常識

的に相続税が関係ないとは考えられません。

　あえて遺言書に記載する作戦もあります。その場合、付言に大きな
保険金を支給するに至った理由や背景などを明確に記載し、少しでも
相手に納得してもらえるよう書き方を工夫しましょう。

▶処方箋②＝相続発生 後 に行う対策

　保険金を受け取った相続人の了解が得られれば、その保険金を含め
て遺産分割を話し合えばよいと思います。しかし、バランスを欠いた
保険契約に故人の明確なメッセージがあるのであれば、故人の遺志を
尊重し、法的な観点から話し合いを行うことになります。こうすれば
遺産分割が必ず成立するという魔法はありませんので、お互い誠意を
もって話し合うしかありません。

　遺産分割する際、受け取った保険金を相手方へ交付する代償金の原
資として活用する方法もあります。

状況❷ 相続税が割増しになる可能性がある

▶どんな問題が起こるのか？

　相続税の納税義務者は、「相続又は遺贈により財産を取得した者」
ですので、相続権がある人とは限りません。例えば、被相続人が遺言
で「私が死亡した場合、孫に金100万円遺贈する」と書いていた場合、
孫は相続税を申告納税する義務を負います。

　孫が保険金の受取人と指定されていた場合も同様に、孫は相続税の
申告納税義務を負います。その際、孫が代襲相続権を有していない場
合、死亡保険金の非課税枠の適用はありませんし、「被相続人の一親
等の血族及び配偶者以外の人」に該当するため**相続税額が２割加算***

　***相続税額の2割加算**……相続、遺贈や相続時精算課税に係る贈与によって財産を取得
した人が、被相続人の一親等の血族（代襲相続人となった孫（直系卑属）を含む）および配
偶者以外の場合、その人の相続税額にその相続税額の2割に相当する金額が加算されます。

されます。

　さらに、もし孫が被相続人から生前贈与を受けていた場合、保険金を受け取ったことにより「相続又は遺贈により財産を取得した者」に該当するため、相続開始前3年以内（注）に贈与された財産が相続財産に持ち戻されます。つまり、相続財産そのものが増えるため相続税総額が増え、かつ孫が納める相続税額は2割加算されてしまうのです。

▶処方箋①＝相続発生 前 に行う対策

　保険金の受取人が誰になっているのかを確認しておきましょう。受取人が相続人以外の場合、保険金の非課税枠の適用はありません。また、相続権のない孫は相続税が2割加算されますので注意が必要です。

　さらに、受取人が生前贈与を受けていないか、今後受ける予定はないか、確認しましょう。前述の例のように、保険金を受け取った人は、相続開始前3年以内に贈与された財産が相続財産に持ち戻されますのでご注意ください。

▶処方箋②＝相続発生 後 に行う対策

　保険金を受け取った人が、相続開始前3年以内（注）に被相続人から贈与を受けていないか確認しましょう。

　相続税を申告する際、相続人以外の人が相続開始前に受けていた3年分の生前贈与が漏れる場合があります。

　配偶者や子が贈与を受けていた場合、配偶者や子は相続人ですので過去の贈与について覚えていますし、税理士もきちんと確認しますので漏れが生じることはほとんどありません。しかし、相続人以外に贈与があった場合、3年以内（注）に贈与を受けていたかどうかの確認が疎かになってしまう場合があります。これは、「相続開始前3年以内（注）

（注）令和6年1月1日以後の贈与から毎年1年ずつ延長され、令和13年1月1日以後に開始する相続からは7年になります。

に贈与された財産の相続財産への持ち戻し」のルールを正しく理解していないことから起こるトラブルです。

　持ち戻しの対象となる人は、「相続又は遺贈により財産を取得した者」であり、「相続人」ではありません。通常、相続権のない人は何も相続できませんが、故人が遺言で遺贈したり、保険金の受取人を相続人以外へ指定していた場合、相続権のない人であっても財産を取得することができますので、相続開始前3年以内(注)に贈与された財産を相続財産へ持ち戻す必要があるのです。

状況❸ 背景に何かあるのかもしれない

▶どんなことが考えられるか？

　状況①は遺産分割、状況②は相続税の問題でしたが、法律や税金とは別に、背景として、大きな保険金が支給されるような保険契約を行った目的があることにも気をつけるべきです。

　例えば、その人は会社オーナーかもしれません。会社を継ぐ長男のために保険金を用意したのかもしれません。地主や農家の可能性もあります。先祖代々の地所を守るために、後継ぎへ保険金が入るような仕組みを組んだのかもしれません。

　その他、「高齢・独身である自身の妹の面倒を見る子を受取人と指定した」「障がい者である二男の面倒を見る子を受取人と指定した」「大学へ行かせてくれた兄に感謝の気持ちを表すべく兄の子を受取人と指定した」などの事案に携わったことがあります。

　目的や背景を探ることで別の問題点が発覚したり、もっと良い対策案が浮かんだり、潜在化しているニーズを掘り起こしたりできますので、様々な角度から物事を見るようにしましょう。

(注)令和6年1月1日以後の贈与から毎年1年ずつ延長され、令和13年1月1日以後に開始する相続からは7年になります。

▶処方箋①=相続発生 前 に行う対策

　保険契約の目的や背景をしっかりヒアリングしましょう。ヒアリングの結果、別の問題点が発覚するかもしれませんし、もっと良い提案ができるかもしれません。

　特定の子どもや孫に大きな保険金を支給するきちんとした理由・目的・背景があるのであれば、ぜひそのことを遺言書に書いてもらってください。単に相続人間の不公平を煽る行為ではなく、自身の希望である旨を自分の言葉で残してもらうようにしましょう。

　また、Aの面倒を見る約束で保険金の受取人をBと指定したのであれば、義務と権利の関係を明確にすべく、負担付である旨も記載したほうがよいと思います。

▶処方箋②=相続発生 後 に行う対策

　遺言書やエンディングノート、手帳、日記などの資料があれば、そこから保険契約の背景を探りましょう。そうした資料がもし見つからない場合は、保険契約に至った経緯を知っている人を探しましょう。契約当時の保険の募集人は知っているかもしれません。

　個人情報保護の問題がありますので、トラブルになるような話はしてくれないと思いますが、何らかのヒントが得られる可能性があります。

ワンポイントアドバイス

　生命保険金が特別受益に該当するか否かは様々な事情を総合勘案しないと判断できず、「いくらまでなら大丈夫」と言った明確なガイドラインは示されていないので注意してください。

こんな発言が出たら要注意！ 09

子どもがいない

この発言から想像される状況は…

① 親が相続人になるかもしれない
② 兄弟姉妹か甥姪が相続人になるかもしれない
③ 離婚しているのかもしれない
④ 先に子が死亡しているかもしれない
⑤ 廃除・相続欠格の可能性がある
⑥ 相続人がいないかもしれない

状況別　懸念される問題とその処方箋

状況❶ 親が相続人になる
状況❷ 兄弟姉妹もしくは甥姪が相続人になる

▶どんな問題が起こるのか？

子どもがいない場合、相続人は次のようになります。

（ア）「独身」もしくは「婚姻しているが配偶者が先に死亡している」
場合

両親。両親がいない場合は兄弟姉妹。兄弟姉妹がいない場合その子
（甥姪）。

64

（イ）「婚姻しているが子どもがいない」場合

配偶者と両親。両親がいない場合、配偶者と兄弟姉妹。兄弟姉妹がいない場合、配偶者と兄弟姉妹の子（甥姪）。

両親が相続人になる場合、高齢になっているケースが多いので、判断能力が問題になります。判断能力が著しく衰えている場合は、相続手続きに支障が出る恐れがあります。また、その両親自身の相続も近いため、近い将来、再度相続税の負担が生じてしまう可能性もあります。

兄弟姉妹や甥姪が相続人となる場合、相続税額は2割加算されます。また、相続人数が増えることにより足並みが揃わず、遺産分割の話し合いが難しくなります。遺産分割が成立した後の事務手続きも大変です。

配偶者がいても子どもがいない場合、相続人は「配偶者」と「両親もしくは兄弟姉妹、甥・姪」となりますから、配偶者が全財産を1人で相続できるわけではありません。結果、自宅の確保などで苦労する可能性も考えられます。

▶処方箋①＝相続発生 前 に行う対策

遺言書の作成が有効です。配偶者と兄弟姉妹、甥姪が相続人となる場合、兄弟姉妹や甥姪には遺留分がありませんので、法的に有効な遺言書があれば、配偶者が他の相続人から遺留分を請求されることはなく、遺産分割に関するトラブルを回避することができます。

配偶者と両親が相続人になるケースの場合、遺留分の問題は残りますが、高齢の両親が遺留分権を行使することはあまり考えられませんし、仮に行使してきたとしても、本来の相続分ではなく遺留分で済みますので、この場合も遺言書を作成しておいたほうがよいでしょう。

揉めていなくても、遺言書がない状態で両親が認知症などを発症していた場合、家庭裁判所へ後見人の選任申立を行わなければいけま

せんので、遺言書は大変有益です。

　また、養子を迎える方法もあります。養子を迎えれば、相続だけではなく、老後の介護対策にもなります。

　しかし、独身の方が養子を迎えた場合、相続税が高額になる場合がありますので注意しましょう。以前、独身のため兄弟姉妹４人が相続人だった方が、養子を迎えたことにより相続税がかかってしまった例がありました。養子を迎える前は相続人が４人いたので「相続税の基礎控除額」も「生命保険金の非課税枠」も４人分使えたので相続税はかからない計算だったのですが、養子を迎えたことにより「相続税の基礎控除額」も「生命保険金の非課税枠」も１人分しか使えず、相続税がかかるようになってしまったのです。

　相続が発生してからのことだけでなく、老後の生活設計として、早目に自宅を処分して施設に入所しておく、任意後見制度を活用して後見人を定めておく、財産管理委任契約を結んでおくなども検討しておくとよいでしょう。

　世の中お金だけでは解決がつかない問題もありますので、元気なうちに検討しておくことをおすすめします。

▶処方箋②＝相続発生 後 に行う対策

　戸籍で相続権のある人を探し、相続人同士で話し合うしかありません。

　子どもがいない夫婦の夫が死亡し、妻と父が相続人だった相続で、話し合いの最中に父が死亡してしまった例がありました。この場合、父の相続人が父の地位を承継し遺産分割の当事者になるのですが、父には離婚歴があり、父の相続人は異母兄弟３人、しかもその３人は互いに疎遠かつ不仲な関係でした。

　残された妻は、会ったこともない義父の子３人を相手に「全部相続

させてください」と頭を下げなければならなくなり、精神的に大変な負担となってしまいました。

状況❸ 離婚しているのかもしれない
状況❹ 先に子が死亡しているのかもしれない
状況❺ 親廃除・相続欠格の可能性がある
状況❻ 相続人がいないかもしれない

▶どんな問題が起こるのか？

　「子どもがいない」という発言を、額面どおり「結婚しているが、子に恵まれなかった」とだけ受け止めてはいけません。相談者が背景などを省略し、言葉を短くしてしまうケースがあるからです。

　例えば、過去「子どもがいない」と発言した方の背景に、次のようなケースがありました。

ケース①　離婚し、先妻が子を引き取っていた。妻が親権を取得し、離婚後夫は子と面会していなかったため、相談者である夫の意識として「子どもがいない」状態だった。

ケース②　病気により親より先に一人息子が死亡していた。当時死亡した息子には幼い子が1人いたが、嫁はその後子連れ再婚し、死亡した元夫の両親とは疎遠になってしまった。両親は相談の間中、ずっと「子どもがいない」と説明していた。

ケース③　暴力的な息子に手を焼き、親子関係が完全に破綻していた。両親は周囲に「子どもはいない」と言っており、自身の財産をその子に相続させる気持ちなんて微塵もなかった。

　いずれのケースも、気持ちの上で「子どもがいない」のは事実です。他にも、「健常な子がいない」「近くで暮らす子がいない」ことを「子

どもがいない」と言う人もいました。

　ケース①の離婚した例の場合、離婚は夫婦の問題であり、親子の関係には何も影響ありません。親権者が誰か、定期的に面接しているかなどは相続に一切関係ありません。しかし、先妻が子を引き取り、その後、子と疎遠になっている場合、相続手続きは大変です。夫が再婚したら、後妻と先妻の子が相続人になりますので、更に手続きが面倒になります。

　ケース②の先に一人息子が死亡した事例の場合、孫が代襲相続人となります。孫と疎遠、孫が母親の再婚相手の養子に入ったなどは相続に一切影響を与えません。夫の相続人が妻と孫の２人になり、その孫がどこで誰と暮らしているかわからない状態であっても、妻と孫で遺産分割について話し合わなければいけません。

　ケース③の親子関係が破綻している例の場合、家庭裁判所に**廃除**＊が認められているなら子に相続権はありませんので、「子どもがいない」と考えて差し支えありません。しかし、単に親子が不仲なだけであれば、たとえ親子関係が破綻していたとしても相続権に変動はありません。

　なお、天涯孤独で相続人が一人もいない場合、**特別縁故者**＊からの申し出がない限り、最終的に財産は国庫に帰属することになります。

▶処方箋①＝相続発生 前 に行う対策

　遺言書を作成しておきましょう。遺言書を作成しても遺留分の問題は残りますが、遺留分は法定相続割合の半分（両親だけが相続人の場合は３分の１）で済みますし、権利を行使するかどうかは遺留分権利者（遺留分を請求する権利を有する人）の判断によりますので、実際に行使されるかどうかはわかりません。

　なお、遺留分侵害額請求権が行使された場合に備え、事前に遺留分

＊廃除……被相続人が遺留分を有する推定相続人の相続権を剥奪すること。被相続人に対して虐待もしくは重大な侮辱を加えたとき、または推定相続人に著しい非行があったときに、被相続人から家庭裁判所へ請求し、審判を受けることによって効力が生じる。

に見合う金銭を準備しておくと安心です。

▶処方箋②＝相続発生 後 に行う対策

　戸籍で相続権のある人を探し、相続人同士で話し合うしかありません。

　被相続人が遺言書を作成しており、遺言執行者が指定されている場合、同執行者は財産目録を作成し相続人へ交付する義務があります。（民法1011条　図表1）

　なお、遺留分は「相続の開始及び遺留分を侵害する贈与又は遺贈があったことを知った時から１年以内」に権利を行使する必要がありますし、仮に相続が発生したことを知らなかったとしても「相続が開始してから10年経つ」と権利を行使できなくなってしまいますので、相続が発生したことを他の相続人が知らなければ時の経過とともに権利は消滅してしまいます。（民法1042条　図表2）

図表1

【民法第1011条】（相続財産の目録の作成）
1　　遺言執行者は、遅滞なく、相続財産の目録を作成して、相続人に交付しなければならない。

図表2

【民法第1042条】（減殺請求権の期間の制限）
減殺の請求権は、遺留分権利者が、相続の開始及び減殺すべき贈与又は遺贈があったことを知った時から１年間行使しないときは、時効によって消滅する。相続開始の時から10年を経過したときも、同様とする。

＊特別縁故者……生前被相続人の療養や看護などの世話をしていた、生計を一にしていた、内縁関係にあったなど、生前被相続人との関係が密接だった間柄の人のこと。相続人がいない場合、一定の要件の下、特別縁故者が遺産の全部または一部を取得することができます。

疎遠な親族との遺産分割協議は、残された配偶者にとって精神的な負担が重い手続きです。相続権が誰にあるのかを確認し、元気なうちに対策を講じておきましょう。

コラム 相続相談のマインド＆スキル

欲しい情報は取りに行く!

　相続の問題を解決するためには「欲しい情報を自ら取りに行く姿勢」が重要です。相談者の発言をそのまま信じるのではなく、発言の裏に隠された真実や背景、潜在している情報を丁寧に拾っていかないと真の問題は掴めません。

　コミュニケーションの技法としては「傾聴」が重要ですが、相手の話を黙って聞いているだけでは必要な情報は得られません。相談者にとってあまり触れられたくないような話であっても、切り込んでいかなければいけません。それが最終的に相談者のためになることですから。

こんな発言が出たら要注意！　10

相続する人に「障がい」や「未成年」「認知」等の人がいる

この発言から想像される状況は…

1. 相続手続きを進めるうえで、後見人や特別代理人の選任が必要になる
2. 相続手続きに時間がかかる
3. 相続後の生活設計などを考えなければいけない

状況別　懸念される問題とその処方箋

状況❶ 相続手続きを進めるうえで、後見人や特別代理人の選任が必要になる

▶どんな問題が起こるのか？

　「障がい」の種類や程度によりますが、判断能力を欠く人は遺産分割協議ができませんので、協議にあたっては正式な代理人（法定後見人）を立てる必要があります。「認知症」の場合も同様です。

　また、同様に「未成年者」も法律行為ができませんので、親権者ま

たは法定代理人が未成年者に代わって遺産分割協議などを行うことになります。

　ただし、例えば、子とその子（未成年者である孫養子）が相続人だった場合、子と孫は利害が衝突する利益相反の関係になりますので、子が親権者として孫の代わりに遺産分割協議をすることはできません。その場合、家庭裁判所に**特別代理人**＊の選任を申し立てることになります。

　なお、家庭裁判所へ後見などの申し立てを行った場合、申立人が推薦した後見人候補がそのまま選任されるとは限りません。争いの可能性があったり、財産内容が複雑だったり、財産額が多額な場合、家庭裁判所に登録されている専門職（弁護士など）が後見人に就く場合もあります。

　仮に申立人が推薦した後見人候補がそのまま選任されたとしても、専門職である後見監督人（弁護士など）が後見人の後ろ盾として就く可能性が高いでしょう。

　いずれにしても家庭裁判所の介在により、登場人物が多くなることを覚悟する必要があります。また、専門職への報酬の負担も生じます。

　相続人の中に、「障がい」「認知」などで判断能力を欠く人や、「未成年」の人がいる場合、相続手続きを進めるうえでいろいろな負担が生じますので、事前の対策が重要になります。

▶処方箋①＝相続発生 前 に行う対策

　一番有効な対策は、遺言書を作成することです。その際、遺言執行者を指定しておくと手続きがスムーズになります。家庭裁判所における検認手続きを避けるためには、公正証書遺言もしくは、自筆証書遺言にするなら法務局に保管を依頼にしたほうがよいでしょう。

＊特別代理人……法定代理人が代理人になれない場合に、法が定める特定事項について手続きを行う臨時の代理人を指します。

　未成年者が相続人の場合は18歳までの話ですので、時の経過と共に後見関係は自動的に解消されますが、障がいや認知症などの場合、長期にわたり後見が必要になる可能性がありますので、相続が発生する前にあらかじめ法定後見人を定めておく手もあります。特に、親権者である親が死亡した場合は後見人不在となってしまいますので、そうなってから新たな後見人の選任申し立てを行うよりは、高齢の親に負担をかけないよう、親が元気なうちに後見人を変更（交代）しておくほうがよいかもしれません。

▶処方箋②＝相続発生 後 に行う対策

　判断能力を欠く相続人がいる状況で、故人が法的に有効な遺言書を作成せずに相続が発生した場合、後見人や特別代理人の選任申し立てを行わなければなりません。弁護士や司法書士など法律の専門家へ相談し、手続きを進めてください。

　父が50歳で死亡し、相続人が妻と17歳の子だった相続に携わったことがあります。妻と17歳の子は利益が相反しますので、本来は特別代理人を選任したうえで相続手続きを進めなければいけないのですが、選任してしまうと法定相続割合による遺産分割となり、子に相続税が発生してしまうことから、特別代理人の選任を見送り、未分割のまま申告しました。

　未分割の場合、「配偶者の税額軽減」や「小規模宅地等の特例」の適用を受けることができませんので、申告期限までに多額の相続税を納税する必要があります。しかし、申告時に税務署へ「申告期限後3年以内の分割見込書」を提出しておけば、申告期限から3年以内に遺産分割が成立した場合、更正の請求により払い過ぎた相続税の還付を受けることができます。

そこで、子が18歳になったと同時に遺産分割協議を成立させ、「配偶者の税額軽減」や「小規模宅地等の特例」を適用させた相続税の申告書を提出し、払い過ぎた相続税の還付を受けました。

相続人である子が17歳で、成年に達するまであと少しだったために採用した作戦ですが、納税資金に余裕があり、かつ相続人に理解があるなら検討に値する方法だと思います。

状況❷ 相続手続きに時間がかかる

▶どんな問題が起こるのか?

法定後見人や特別代理人の選任を家庭裁判所に申し立てた場合、実際に選任されるまでに数ヵ月かかる場合もあります。相続税の申告納税期限は「死亡したことを知った日の翌日から10ヵ月以内」ですので、相続税申告期限ギリギリになってから申し立てを行うと間に合わなくなってしまいます。後見人などの選任に時間がかかったとしても相続税の申告期限は延長されませんのでご注意ください。

また、後見人などが就いた場合、遺産分割は法定相続割合が基本になります。二次相続対策を踏まえた遺産分割にしようと考えていても、自由な遺産分割に待ったがかかる可能性があります。

▶処方箋①=相続発生前に行う対策

遺言書を作成しておけば、後見人などを選任しなくて済みます。

遺言書がない場合、【後見人の選任→遺産分割協議→後見監督人（家庭裁判所）の許可→銀行など金融資産の凍結解除と名義変更】に相当時間がかかりますので、生命保険で当面の生活費や相続税納税資金を準備しておくとよいでしょう。

▶処方箋②=相続発生 後 に行う対策

　家庭裁判所における後見人などの選任申し立てに時間がかかりますので、早目早目に行動してください。相続税申告期限までに遺産分割が成立していない場合は、未分割のまま相続税を申告納税しなければいけません。

状況❸　相続後の生活設計などを考えなければいけない

▶どんな問題が起こるのか？

　例えば、認知症の母がアパートなどの賃貸物件を相続した場合、管理できるでしょうか？　判断能力を欠く子が多額の現預金を相続した場合、誰がどのように管理運用するのでしょうか？

　相続とは、「被相続人の財産を相続人が取得すること」ですが、金銭価値の公平にだけ意識がいってしまうと後々問題が生じてしまいます。特に判断能力に欠く相続人がいる場合は、その相続人の生活設計が重要となりますので、取得後のことも考えて話し合いを行ってください。

▶処方箋①=相続発生 前 に行う対策

　障がいを持っていたり、認知症を発症している相続人、あるいは未成年の相続人が穏やかに暮らせるよう、相続させる財産を吟味したうえで遺言書を作成してください。また、遺言書の作成にあたっては、サポートをする周囲の人の意見にも耳を傾けて、当事者はもちろん、関係する人全員が温かい気持ちになれるよう配慮しましょう。

▶処方箋②=相続発生 後 に行う対策

　家庭裁判所や後見監督人が被後見者などの生活設計まで考えてくれるかと言うと、何とも言えません。もちろん被後見人のことを第一に考えてくれますが、それはあくまで相続による財産の取得額が不利にならないようにというのが主たる目的で、その中身や将来にまで踏み込んで考えてくれるかと言うと、人によるとしか言いようがありません。

　ぜひ、相続人全員で、被後見者の幸せを一緒に考えてあげるようにしてください。

ワンポイントアドバイス

　後見人などの選任を考えると、相続が発生してから対応したのでは相当タイトなスケジュールになります。事前に弁護士や司法書士、税理士などの専門家に相談のうえ対策を講じておきましょう。

こんな発言が出たら要注意！　11

子どもは皆
自宅を持っている

この発言から想像される状況は…

1　小規模宅地等の特例の適用を受けられない
2　資金援助に偏りがあるかもしれない
3　親の老後の面倒や介護などを検討しなければならない

状況別　懸念される問題とその処方箋

状況❶　小規模宅地等の特例の適用を受けられない

▶何が問題なのか？

　持ち家のある子は原則として「小規模宅地等の特例（特定居住用宅地等）」の適用を受けることができません（図表１参照）。

　同特例の適用を受けることができれば、実家の土地評価額が330㎡まで80％減額になるので、相続税がかかる人であればぜひ適用を受けたいところです。特に、地価水準が高い地域に実家が所在している場合、同特例の適用を受けることができれば相続税の負担が大きく軽減されます。

図表1　小規模宅地等の特例

1. 特定事業用宅地等	400㎡	▲80%	被相続人の事業を引き続き営んでいる場合など
2. 特定同族会社事業用宅地等	400㎡	▲80%	被相続人等の所有株式数が発行済株式数の50%超である法人が事業を引き続き営んでいる場合など
3. 特定居住用宅地等	330㎡	▲80%	被相続人の同居親族が引き続き居住する場合など
4. 貸付事業用宅地等	200㎡	▲50%	被相続人の不動産貸付事業等を引き続き営んでいる場合など

▶処方箋①=相続発生 前 に行う対策

「小規模宅地等の特例（特定居住用宅地等）」の適用を受けるためには、①子が親と同居する、②親と子が生計一になる、③子が自身の自宅を売却もしくは賃貸し3年経過するのを待つ、④親が孫に自宅を遺贈する、などの方法が考えられます。

ただし、どの方法を選択したとしても税は「実体がすべて」ですので、形式だけ整えても適用にはなりません。

例えば「①子が親と同居する」を選択した場合、住民票を実家に異動するだけではなく、実際に実家で暮らし、親と寝食を共にしなければなりません。しかも、親と寝食を共にした期間が一時的ではなく常態であって初めて「親と同居した」ことになります。その他いくつか適用要件がありますので、詳しくは税理士に相談してください。

▶処方箋②=相続発生 後 に行う対策

実家で小規模宅地等の特例の適用は受けられませんので、実家の土地については特例の適用がない自用地として評価することになります。子どもは皆、持ち家ありなので、実家を「誰が」「どのように」相続

するのか話し合わなければなりません。例えば、①家屋を取壊し土地を分筆して分ける、②換価処分し金銭で分ける、③相続人の一人が実家を相続し、他の相続人へ代償金を交付する、④共有名義にする、⑤第三者へ賃貸し収益を分ける、などの方法が考えられます。

④と⑤は土地が兄弟共有になり、将来問題が発生する可能性がありますので、あまりおすすめできません。

状況❷ 資金援助に偏りがあるかもしれない

▶何が問題なのか？

子どもが自ら住宅ローンを組んだり、貯蓄を取り崩して自宅を取得したのであれば何も問題ありません。しかし、一部の子にだけ「住宅取得資金等の贈与」が行われていたり、「住宅ローン返済資金の贈与」が行われている場合、他の子から「不公平だ」と文句が出る可能性があります。

▶処方箋①＝相続発生 前 に行う対策

本来、自分の財産を「誰に」「いくらあげるか」はあげる側の自由ですが、将来余計な争いを生まないためには、子どもに何らかの資金援助を行う場合、公平にしておくことが一番です。

何らかの理由により偏りが生じてしまう場合には、援助しない、あるいは援助額が少ない子に対し、事前にその理由や、他の子への援助の目的を説明し了解を得ておきましょう。

相続が発生してから偏りが発覚するのは最悪です。後日「聞いてない」とならないよう配慮しておきましょう。

▶処方箋②=相続発生 後 に行う対策

　相続税を計算する場合、「住宅取得資金等の贈与」は贈与を受けた時期に関わらず相続財産に加算されませんが、「住宅ローン返済資金の贈与」は相続発生前3年以内（注）に贈与された財産が相続財産に加算されますので、財産に漏れが生じないよう贈与された時期を確認しましょう。

　遺産分割の対象となる財産には特別受益（財産の前渡し）が含まれますので、相続税と異なり、「住宅取得資金等の贈与」も「住宅ローン返済資金の贈与」も、その全額が遺産分割の対象になります。

　生前に援助されたものだからと言って、それを別枠にして相続できるわけではありませんのでご注意ください（図表2参照）。

図表2

	遺産分割	相続税
住宅取得資金等の贈与	すべて加算	関係なし
住宅ローン返済資金の贈与	すべて加算	相続発生前3年以内（注）の贈与のみ加算

状況❸ 親の老後の面倒や介護などを検討しなければならない

▶どんな問題が起こるのか？

　子が皆、持ち家ありということは、親と子が別世帯で暮らしているということです。だとすれば、親の老後の面倒や介護を「誰が」「どうやって」見るのかを考えなくてはいけません。

　近所で暮らしている子が親の面倒を見ていて、その分、相続時には何らかのプラスがあるだろうと期待していたとしても、将来必ずしも

（注）令和6年1月1日以後の贈与から毎年1年ずつ延長され、令和13年1月1日以後に開始する相続からは7年になります。

（注）令和6年1月1日以後の贈与から毎年1年ずつ延長され、令和13年1月1日以後に開始する相続からは7年になります。

そうなるとは限りません。事前に家族でしっかり話し合っておきましょう（82ページのコラム参照）。

▶処方箋①=相続発生 前 に行う対策

　親に最期まで自宅で過ごしてもらうのか、いつか施設に入所するのかについて、親自身の意向を尊重のうえ、検討しましょう。自宅で過ごす場合、バリアフリー工事、デイケアサービスなどについても話し合う必要があります。

　施設と言っても、サービス付き高齢者向け住宅、有料老人ホーム、特別養護老人ホームなど、その種類は様々あり、費用もかなり幅がありますので、親の体調や生活スタイル、過ごし方、資金繰りなどにより検討してください。

　暮らす場所が決まったら、「誰が」「何を」「どのように」を決めなくてはいけません。例えば、親の財産管理、生活費の支払い、日頃の世話など、生活していくうえで生じるすべてのことについて何らかのサポートが必要だと考え、項目を洗い出してください。

　将来のトラブルを未然に防ぐためのキーワードは、「透明性」「役割分担」「納得感」です。

▶処方箋②=相続発生 後 に行う対策

　遺産分割に際しては、実際に行った親の老後の世話や介護の負担実績についてよく話し合いましょう。法的にどうかではなく、相手の立場に立って考えることが大切です。

都心部に自宅がある場合、「小規模宅地等の特例（特定居住用宅地等）」の適用を受けられるか否かは相続税額に大きな影響を与えます。どうすれば適用を受けられるか、よく検討しましょう。

コラム 押さえておきたいプラスワン知識

親の面倒は寄与分になる？

実家近くで暮らしていた長女が長年わたり親の面倒を見ていたケースで、親が死亡した後、長女が二女に対し、「長年親の面倒を見てきたのは私だから財産は7対3で私が相続する」と寄与分を主張し争いになりました。

親の面倒を見るのは子として当然の行為（扶養義務）ですので、余程のことがない限り寄与分は認められません。たとえ面倒を見ていない子がいたとしても、だからと言って面倒を見た子が特別なことをしているわけではありませんので、原則として寄与分は発生しません。

長女の気持ちはよくわかるのですが、残念ながらこのケースでは、法定相続割合どおり、長女と二女がそれぞれ2分の1ずつ相続することになりました。

こんな発言が出たら**要注意！**　12

子どもが相続対策の 相談に乗ってくれない

この発言から想像される状況は…

1 相続対策がうまくいかない可能性がある
2 子どもの意向にそぐわない対策を講じている可能性が ある

状況別　懸念される問題とその処方箋

状況❶　相続対策がうまくいかない可能性がある

▶なぜそうなるのか？

　親の「相談に乗ってほしい」という気持ちに子が応えてくれないということは、親子間におけるコミュニケーションが不足している可能性があります。親子間の意思疎通がうまくいっていないと、相続に対する認識や考え方に隔たりが生じてしまい、相続対策がスムーズに進まないことが多いのです。

　相続対策に正解はありません。有効な相続対策を講じるためには、親子で一緒に考えることが必要です。親の気持ち、子どもの気持ち、それぞれを尊重し合い、互いに納得のうえ進めることによって、「やっ

てよかった」と思える結果が導かれるのです。

　親子間のコミュニケーション不足に陥った原因は、遠く離れて暮らしている、嫁との関係など配偶者の問題、性格の問題などいろいろだと思いますが、理由はともかく、互いの考えが理解されないまま見切り発車で対策を講じてしまうのは大変危険です。

　親が良かれと思ってしたことを子どもが受け入れないかもしれませんし、子どもが希望していることを親がしていないかもしれません。

▶処方箋①=相続発生 前 に行う対策

　「こうすれば必ず子どもが相続対策の相談に乗ってくれる」といった秘策はありません。時々「子どもと会って話してほしい」と依頼されることがありますが、興味のない子どもは「死んだら何とかします」「税金が高いといっても払えばいいんでしょ」となかなか前向きになってくれません。そもそも面談すら拒否される場合もあります。

　そんなときには、例えば子どもを相続関連のセミナーに誘ってみてはいかがでしょうか。いきなり「専門家に相談したい」とか「個別相談会に同席してほしい」と言っても、子どもは身構えてしまいます。ですが、気軽に参加できるようなセミナーであれば、軽い気持ちで参加してもらえるかもしれません。そのセミナーをきっかけにして、子どもの気持ちが動く可能性があります。

　ただし、せっかく参加したセミナーがイマイチだとかえって逆効果になってしまいますので、参加するセミナーの内容や講師はしっかり選びましょう。

　親戚や知人に、相続で困った経験がある人がいる場合は、それを事例として子どもに話す手もあります。事例は自分事として捉えやすく、腹に落とし込むことができますので、対策の必要性を理解してもらう

うえで有益な方法です。

　いつまで経っても子どもが土俵に上がって来ないようであれば、親としては、自分だけでも具体的に動かなければなりません。その時には気持ちを込めた遺言書を作成しておきましょう。合わせてエンディングノートを作成しておくと、相続発生後の子どもの負担軽減につながります。

▶処方箋②＝相続発生 後 の注意点

　そうした状況だと、親が死亡して初めて、子どもは親の意向を知ることになるかもしれません。

　複数いる子どもが全員、相続について何も知らなければ手続きが大変なだけで済みますが、一部の子どもだけ親から相談を受けていなかったというような場合は、情報量の差が争族を生んでしまう可能性がありますので注意してください。

　『親孝行、したいときに親はなし』

状況❷　子どもの意向にそぐわない対策を講じている可能性がある

▶どんな問題が起こるのか？

　子どもが相続対策に興味を示さないため、仕方なく親の考えだけで対策を講じている可能性があります。その場合、子どもにとって嬉しい対策ばかりしてくれているとは限りません。

　例えば、「相続税が安くなれば子どもも喜ぶだろう」と借金してアパートを建てたために、子ども2人で土地を分けることができず揉めてしまったケースがありました。更地であれば2人仲良く分けることがで

きた土地だったのですが…。

　娘3人のために、「それぞれ1戸ずつ相続できるように」とマンションを3戸購入した人もいました。実際に相続が発生したところ、娘たちからは、「賃貸管理は面倒だからお金のほうがよかった」「専業主婦じゃなくなってしまう」「古くなり売却しにくくて困っている」と親のしたことに文句が出てしまいました。

　また、子どもや孫名義の「名義預金」（15ページの脚注参照）をたくさん保有していた方もいました。きちんと生前贈与すれば節税になったのですが…。

▶**処方箋＝相続発生［前］に行う対策**

　相続対策は親子の共通認識のもとで行うべきです。いつか来るその日のために、親子で腹を割って話し合いましょう。

┌─────────────────────────┐
ワンポイントアドバイス

　親の相続は避けて通れないことを子どもに理解してもらう必要があります。親子が同席する場を設けるなど、相続コンサルタントが潤滑油となってサポートしてあげましょう。
└─────────────────────────┘

こんな発言が出たら要注意！　13

会社を継ぐ人が決まっていない

この発言から想像される状況は…

1 事業の承継・継続に支障をきたす可能性がある
2 具体的な事業承継対策を講じることができない
3 子どもがいないのかもしれない

状況別　懸念される問題とその処方箋

状況① 事業の承継・継続に支障をきたす可能性がある

▶どんな問題が起こるのか？

　常に動いている会社（事業）には、一瞬たりとも"休憩"は許されません。オーナー社長に相続が発生し、後継者問題で社内に落ち着きがなくなったとしても、そのことを原因として従業員や取引先に迷惑をかけるわけにはいきません。

　また、後継者問題で事業の継続に支障をきたし、それが長引くと信用問題などに発展してしまう可能性もあります。一度失った信頼を回復するには時間がかかります。ましてや先代がカリスマ性を有していれば、なおさらマイナスからの船出となり、承継する人の重荷となっ

てしまいます。

　会社（事業）そのものには相続がないことを肝に銘じておきましょう。

▶処方箋①=相続発生 前 に行う対策

　事業承継対策を考える場合、後継者が決まっていることが一番重要です。誤解を恐れずに言えば、「後継者が決まっているなら事業承継は8割方片付いている」と言っても過言ではありません。

　実は「本来、事業承継と相続は関係がない」と言われています。先代が死亡してから事業を承継しなければいけないという決まりはなく、また後継者も子や孫ではない外部の第三者でもいいというのがその理由です。

　とは言え、先代が死亡することにより強制的に事業の承継が開始され、かつ後継者は子どもや孫の場合がほとんどですので、必然的に「会社オーナーの相続＝事業承継」と捉えられてしまうのは仕方ないかもしれません。しかし、先代が元気なうちに後継者を決め、マネジメントを含めた事業全般を引き継いでいくのが理想的な事業承継の姿です。

　後継者問題を考える場合、まずは親族内承継か親族外承継かを決めましょう。親族内承継の場合、妻？　長男？　二男？　長女？　孫？　弟？…、後継者を誰にすべきか検討してください。

　親族外承継の場合は、経営陣へ承継するのか（**MBO**＊）、従業員に承継するのか（**EBO**＊）、外部から人を招聘するのかだけでなく、M&Aで第三者へ会社を譲渡するのも一つの選択肢となります。

　顧問税理士や弁護士、専門のコンサルティング会社、金融機関などいろいろな人の意見を参考に、様々な角度から検討してください。その際、情報の漏洩には十分注意してください。

　後継者が決まりさえすれば、その後継者へ自社株がスムーズに承継

＊MBO、EBO……MBO（マネジメント・バイアウト）とは、現在の経営者などマネジメント層の人がその会社の株式を買い取り経営権を取得すること。EBO（エンプロイー・バイアウト）とは、会社の従業員がその会社の株式や事業を買い取り経営権を取得すること。

されるよう遺言書を作成したり、「相続時精算課税制度」（117ページのコラム参照）や「**事業承継税制***（非上場株式等に係る納税猶予の特例）」を活用するなどして具体的に自社株を贈与する方法を検討しましょう。その際、会社の支配権を意識し、後継者が単独で決議可能な議決権割合を確保できるよう配慮しておくとよいでしょう。

　また、後継者は市場流通性のない自社株を相続することになりますから、それによって後継者が負担する相続税納税資金も準備しておきましょう。必要額を計算するためには財産評価など、正確な現状把握が必要ですので、具体的には税理士に相談してください。

▶処方箋②＝相続発生 後 に行う対策

　顧問税理士や弁護士などの専門家を交え、会社の将来について話し合うべきです。相続人が会社を継ぐのであれば、相続手続きを進める中で会社の株式（自社株）を後継者へ承継し、同時に相続税納税資金の確保を急ぎましょう。

　一方、相続人が会社を継がない場合、相続人が相続した自社株を保有したままオーナーとしての立場を維持するのか、相続した自社株を会社に金庫株として買い取ってもらうのか、M&Aで会社を譲渡するのか、MBOで経営陣に、あるいはEBOで従業員に譲渡するのか、様々な選択肢について実現可能性を探る必要があります。最悪、誰も会社を承継しない場合、会社の清算も視野に入れなくてはいけません。

　どの案で進めるにしても、会社法、税法など各分野の専門家を必要とする作業ですので、少しでも早く具体的に動く必要があります。遺族にとっては酷な話ですが、悲しみに暮れている暇はないことを自覚してもらってください。

＊**事業承継税制**……先代経営者から事業の承継を受けた後継者が、将来、次の後継者へ事業を承継した場合、本来負担すべきだった贈与税又は相続税が免除される特例制度のこと。正式には「非上場株式等についての贈与税・相続税の納税猶予・免除制度」といいます。122ページのコラム参照。

状況❷ 具体的な事業承継対策を講じることができない

▶何が問題なのか?

　相続対策には、①遺産分割対策、②相続税納税財源対策、③相続税対策の3つの柱があります。その3つの柱に照らし合わせて考えてみましょう。

　会社は株主のものですから、オーナーにとって一番重要なのは「支配権を維持できる株式数（議決権数）を確保できているかどうか」です。後継者が決まっていないということは、支配権を承継する相手が決まっていないということですので、遺言書を作成し、後継者へ自社株を承継させるなどの遺産分割対策を講じることができません。

　自社株は資産としての価値はありますが、簡単に譲渡できません。譲渡できたとしても、譲渡してしまったらオーナーの保有株式数が減り支配権に支障をきたしてしまいますので、現実的にオーナーは自社株を譲渡することができません。

　一方、納める相続税は現金納付が原則です（物納の方法もありますが、現在1,000件申請し、許可を受けられたのは1件にも満たない件数に過ぎません）。1億円の現金を相続すれば相続税2,000万円を納めるのは容易ですが、1億円の自社株を相続しても相続税2,000万円は納められません。別途納税資金を用意する必要があります。

　後継者が決まっていない、すなわち誰が相続するか決まっていないわけですから、誰に相続税相当のお金を準備すればいいのか、検討できません。

　また、「事業承継税制（非上場株式等に係る納税猶予の特例）」を活用したいと考えても、後継者が決まっていないので申請できません。せっかく税制上の特例があるのに、その恩恵にあずかることもできません。

　親族内承継であれば自社株の評価を引き下げる対策が基本になります が、親族外承継、特にM&Aのように外部の第三者へ会社を譲渡する 場合、自社株の評価（価値）を高める対策が基本になります。ところ が、後継者が決まっていないのですから、株価対策の基本方針が立 てられません。

▶処方箋①=相続発生 前 に行う対策

　状況①の〈処方箋①〉をご参照ください。

▶処方箋②=相続発生 後 に行う対策

　状況①の〈処方箋②〉をご参照ください。

状況❸　子どもがいないのかもしれない

▶どんな問題が起こるのか？

　何気ない会話の中でこの発言があった場合、そもそも継がせるべき 子どもや孫がいない可能性もあります。もしかしたら、現在の経営者 は独身かもしれません。

　結婚観や家族の在り方の変化により、世帯に対する考え方が大きく 変わってきています。今後は会社を身内が継がないケースが増えてい くのではないでしょうか。

　しかし、会社自体に相続はありません。オーナーが死亡したからと いって、従業員や取引先、お客様に迷惑をかけるわけにはいきません。 と考えると、元気なうちに今後の道筋をつけておくのがオーナーの役 目だと思います。

　子どもがいない場合、相続そのものについても対策が必要です。例

えば、子なし夫婦の場合、夫が死亡したら相続人は妻と夫の両親もしくは兄弟姉妹・甥姪になります。次に妻が死亡した場合、妻の両親もしくは兄弟姉妹・甥姪が相続人になります。

　もし夫婦ともに一人っ子だった場合、最終的に財産は国庫に帰属することになります。財産の問題だけではなく、老後の面倒、お墓の管理など、幅広く検討しなければいけません。

▶処方箋①＝相続発生 前 に行う対策

　オーナーとしての後継者問題（事業承継対策）と、個人としての相続対策をそれぞれ考えなければいけません。後継者問題（事業承継対策）については、状況①の〈処方箋①〉を参考に検討してください。

　個人としてまず考えなければいけないのは、老後の生活設計です。相続対策と聞くと死亡後をイメージしてしまいますが、その前の長い老後生活をどう過ごすか、ここを忘れてはいけません。

　もし子どもがいないのであれば、老後の面倒をみてくれる人はいるのか、認知症となった場合の財産管理をお願いできる人はいるのか、自宅で暮らすのか、それとも老人ホームなどの施設に入所するのかなど、生きていくための基本方針を決めなければいけません。

　親戚など頼れる人が近所にいればよいのですが、いない場合、身上看護と財産管理を分け、身上看護は親戚に、財産管理は弁護士や公益社団法人成年後見センター・リーガルサポート（リーガルサポートセンター、司法書士の団体）に、それぞれ依頼する手もあります。

　判断能力が衰えたり、前向きなことが億劫になった後では遅いので、元気なうちに検討してください。

　相続対策としては、エンディングノートと遺言書の作成を検討しましょう。どこに何があるのか、誰に、何を相続させるのか、寄付する

のか、その手続きを誰が行うのか、事前に決めておかないと残された人が困ってしまいます。

　法的な話ですので、弁護士や司法書士、専門のコンサルタントに相談するとよいでしょう。

▶処方箋②=相続発生 後 に行う対策

　子なし夫婦に相続が発生した場合、全財産を配偶者が無条件で相続できるわけではありません。被相続人の両親もしくは兄弟姉妹・甥姪にも相続権がありますので、遺言がない場合は、相続人全員で遺産分割協議する必要があります。

　会ったこともない親戚と遺産について話し合うのは高齢の配偶者にとって精神的に辛いことですが、避けて通ることはできません。誠意をもって話し合うようにアドバイスしましょう。

ワンポイントアドバイス

　会社そのものに相続はありません。次世代に迷惑をかけないよう、元気なうちに税理士や弁護士などの専門家を交え、対策を講じることをアドバイスしましょう。

こんな発言が出たら要注意！ 14

お墓を誰が承継するか決まっていない

この発言から想像される状況は…

1. 相続に関する関心度が低い
2. 争族になる可能性がある
3. お墓を承継できない事情があるかもしれない

状況別　懸念される問題とその処方箋

状況❶　相続に関する関心度が低い

▶何が問題なのか？

「そもそも相続について考えたことがない」「相続に対する関心度が低い」といった状況が考えられます。それは、当事者である親世代の認識が低いのかもしれませんし、相続人である子世代の問題かもしれません。

どちらに問題があるにせよ、相続に関し無頓着な状態のまま相続が発生してしまうと、「お墓をどうするか」だけでなく、遺産分割や名義変更、相続税の申告納税などすべてのことについて、何をどうしたらいいのか、発生してから考えなければならなくなりますので大変です。

▶処方箋①=相続発生 前 に行う対策

まず、「お墓をどうするか」の話をきっかけに、相続について考えてみてはいかがでしょうか。

相続とは、人、それも身内が死亡することですので不謹慎だと敬遠しがちですが、誰にでも必ず起こることですので、いつか来るそのときのために、夫婦や親子、兄弟などでしっかり話し合っておくべきです。

その際、税金や法律などの難しい話から入るとアレルギー反応が出てしまい、その先に進めなくなってしまう可能性がありますので、まずはお墓の話から入っていくのは自然な方法だと思います。

お墓の話をきっかけに、親の面倒を誰が見るのか、相続税はかかるのか、誰が自宅を相続するのかなど、少しずつ具体的な話をしていけばよいと思います。

階段を一段ずつ上がるように、徐々にレベルを上げていきましょう。

▶処方箋②=相続発生 後 に行う対策

98ページの〈コラム〉にもあるとおり、お墓は遺産分割の対象財産ではありませんが、遺言などによる指定がない場合、相続人の話し合いにより長男や長子などが承継しているのが実際のところです。

誰も承継する気持ちを持っていない場合は、墓じまいを含め、話し合うしかありません。

状況② 争族になる可能性がある

▶どんな問題が起こるのか？

相続が発生した際、「相続手続きの主導権を握りたい」と長子である長女と、弟である長男が水面下で祭祀承継争いを繰り広げた家庭が

ありました。喪主が一族の長だと考えていることから、互いに祭祀の承継を譲らず、常にギクシャクした関係の中で手続きを進めることになってしまいました。

　また、先妻の子と後妻の間でお墓の承継を巡り争いになったケースもありました。先妻の子（長男）は「後から来た後妻に先祖代々のお墓は任せられない」と主張し、後妻は「生前夫からお墓を頼むと言われていた」と主張し、互いに譲りません。結局、強引にお墓の名義変更手続きを進めた先妻の子（長男）が管理することになりましたが、後味の悪さが残りました。

　このように、お墓の承継を巡り、争族に発展する場合がありますのでご注意ください。

▶処方箋①=相続発生 前 に行う対策

　生前に祭祀の承継者を指定しておきましょう。その際、後日「言った」「言わない」とならないよう、何らかの書面で残しておくべきです。一番安心なのは、遺言で祭祀の承継者を指定しておくことです。公正証書遺言で祭祀の承継者（祭祀の主宰者と言います）を指定する場合の費用は11,000円です。

　また、事前に祭祀の承継者（候補）にその旨を伝え、同時に他の相続人からも了解を得ておけばトラブルを未然に防げます。

▶処方箋②=相続発生 後 に行う対策

　98ページの〈コラム〉のとおり、民法における祭祀承継者の順位を説明し、お墓は相続財産ではないことを理解してもらいましょう。

状況❸ お墓を承継できない事情があるかもしれない

▶どんな問題が起こるのか？

　長男が問題を抱え、本来ならば長男にお墓を承継してほしいところ、二男を頼らざるを得ないという家庭がありました。この場合の長男が抱えている問題は精神的な病でしたが、他にも素行の問題だったり、海外居住だったり、親子関係が破綻していたり、様々な"事情"の方がいました。また、子が障がいを有しているため承継できないという方もいました。

　このように、発言の裏には別の意味が隠されている場合があります。

▶処方箋①=相続発生 前 に行う対策

　言葉のとおり祭祀承継の相談に応じるだけでなく、発言の裏に隠れている「潜在化している問題」にも気付いてあげることが大切です。

　発言の真意、背景、実情など、いろいろな角度から発言の趣旨を理解し、問題点を把握したうえで対策を考えましょう。

▶処方箋②=相続発生 後 に行う対策

　なし。

ワンポイントアドバイス

　相続発生後にトラブルとならないよう、元気なうちに祭祀について家族で話し合い、共通の認識を持っておきましょう。

---

①祭祀を誰が承継するか

　お墓を含む「祭祀財産」は相続の対象ではなく、遺産分割により誰が承継するかを話し合うものではありません。もちろん長男が承継すると決まっているものでもありません。

　神や祖先を祀ることを「祭祀」と言います。そして、祖先を祀るために必要な財産のことを「祭祀財産」と言います。祭祀財産には次のように「系譜」「祭具」「墳墓」と３つの種類があります。

祭祀財産の３つの種類
①系譜…先祖から子孫へ先祖代々続く血縁関係が描かれている絵
　図や記録など
　冊子、掛け軸、巻物、家系図、家系譜
②祭具…祭祀や礼拝が行われる際に用いられる器具や道具など
　位牌、仏像、仏壇、仏具、神棚、神体、神具、庭内神祠、盆提
　灯（仏間は建物の一部のため祭具と認められていません）
③墳墓…遺体や遺骨が葬られている設備のこと

　祭祀および祭祀財産を誰が承継するかについて、民法では次のとり定めています。

法第897条（祭祀に関する権利の承継）

1　系譜、祭具及び墳墓の所有権は、前条の規定にかかわら
　ず、慣習に従って祖先の祭祀を主宰すべき者が承継する。
　ただし、被相続人の指定に従って祖先の祭祀を主宰すべ

　き者があるときは、その者が承継する。
2　前項本文の場合において慣習が明らかでないときは、同
　　項の権利を承継すべき者は、家庭裁判所が定める。

　つまりは、以下のような順位になるものと考えられます。
第1位：故人の指定（遺言書で指定する、生前に書面や口頭で指
　　　　定しておくなど）
第2位：慣習（その地方の慣習に従う）
第3位：家庭裁判所の審判

　故人が祭祀を指定していない場合、その地方における慣習によりますが、それも曖昧であれば当事者間で話し合うことになります。当事者間の話し合いで決まらなければ家庭裁判所に判断してもらうしかありません。
　家庭裁判所の審判では、故人と祭祀の主宰候補者の身分関係や事実関係、同候補者の意欲や能力、その他親族の意見などが考慮されます。
　祭祀財産を複数人で分けて管理すると揉めた時に困りますし、法要などを行う際も手間となってしまいますので、基本的に祭祀の承継者は1人とされています。
　また、祭祀財産は相続財産ではありませんので、相続を放棄しても祭祀承継者になることが可能ですし、家族の同意があれば相続人ではない人でも祭祀継承者になることができます。

　お墓の管理にはお金がかかりますし、掃除などの負担も生じます。以前、「先祖のお墓を引き継ぐのだから、その分、相続財産

を多くしてほしい」と主張した長男がいました。他の相続人が同意すれば遺産分割協議の中で長男の希望を汲んだ配分にすればよいのですが、祭祀は相続財産ではありませんので、本来、長男にはそのようなことを主張する権利はありません。

　また、祭祀の承継者として指定された人は、祭祀の承継を拒否できません。しかし、祭祀にまつわる義務を負うわけではありませんので、祭祀にまつわる儀式をどのように行うか、そもそも儀式を行うか否かなどはすべて祭祀承継者が自由に決められます。また、承継した祭祀財産を処分しお金に換えることも自由です。ですから、嫌がる人に無理やり祭祀を押し付けてしまうと、後々親族を巻き込んだトラブルに発展する可能性もありますので、「誰が祭祀を承継するか」は慎重に検討してください。

　以前、祭祀を承継する長男をはじめ子が皆東京で暮らしているのに、実家があった山形にお墓を取得した方がいました。子どもたちはなかなかお墓参りにいくことができず、管理もできず、結局、数年後に墓じまいすることになってしまいました。

②「お墓＝相続税非課税」とは限らない

　加えて「祭祀財産」の継承に関して、税金面で注意していただきたいことを挙げておきます。「祭祀財産」は祖先崇拝の慣行を尊重するための財産ですので、先にも述べたとおり、相続税の非課税財産とされています。しかし、それはあくまで生前に取得していた場合の話です。

　例えば、故人が生前に希望するお墓を見つけておき、実際に相続が発生したらそのお墓に入れてほしいと代金を残していたとしても、相続発生時に残されていたのはお金です。そのお金を使っ

て相続人が故人が希望していたお墓を取得したとしても非課税にはなりません。

　また、信仰の対象とは言えない骨董品や趣向品などは、非課税財産ではありません。純金製の仏像や祭具といった財産がこれに該当する場合がありますので、仏壇や仏具であれば何でも非課税だと考えてはいけません。

　お墓を生前に取得する場合、相続発生後に祭祀財産を承継する人に過度な負担がかからないよう、取得する前に祭祀承継予定者と話し合ってください。

第**2**章

相続財産に関する発言から トラブルの芽を キャッチする

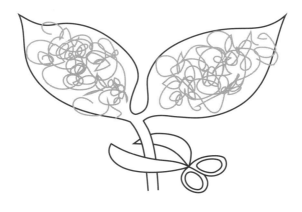

こんな発言が出たら要注意！ 15

財産に何があるのか よくわからない

この発言から想像される状況は…

1. 相続税がかかるのかどうか判断できない
2. 遺産分割協議が進められない
3. 相続手続きが終わらない

状況別　懸念される問題とその処方箋

状況❶　相続税がかかるのかどうか判断できない

▶どんな問題が起こるのか？

　相続財産に何があるのかがわからなければ、相続税がかかるのかどうか、相続税の申告や納税が必要なのかどうか、判断することができません。

　「相続税なんてお金持ちの話、うちには関係ない」などとたかをくくっていると、実は長年暮らしていた自宅土地の評価が高く、相続税がかかってしまった。しかも相続人に払うお金がない…などという事態に陥りかねません。

　令和3年における相続税の課税割合は9.3％ですので、相続税がか

かる人は予備軍を含めても10人に１人いない程度の人数に過ぎませんが、「相続税がかかる」ということはすなわち「10ヵ月以内に申告しなければならない」ことを意味しますので、何もわからない状態では相続人に余計な負担がかかってしまうかもしれません。

▶処方箋①＝相続発生前に行う対策

エンディングノートを活用し、どこに、何があるのか、財産について生前に記載しておいてもらうとよいでしょう。

不動産は、「固定資産税の納付書附属明細」や「登記事項証明書」を同封してもらえるとわかりやすいと思います。「登記済権利証（単に「権利書」とも言います）」や「**登記識別情報***」の保管場所も記載しておいてもらいましょう。

取引している金融機関についても、金融機関名、支店名、住所や電話番号などの連絡先、担当者、取引内容などを記載しておいてもらえば、後日の手続きがスムーズになります。金融機関から送られてくる「取引明細」や「年間取引報告書」もあると役立ちます。

遺言書に財産目録を記載してもらう手もありますが、作成時から財産内容や預け先が変動した場合、相続人が古い情報を鵜呑みにしてしまうリスクもありますし、遺言書自体も長文のわかりにくい書類となってしまいますので、エンディングノートやメモなどを活用されることをおすすめします。

もちろん、信頼できる子に通帳や財産明細を預けたり、教えておくことも方法の一つです。

相続財産の全容が把握できたら、税理士に、相続税がかかるのかどうか、かかるのであればいくらかかるのかを相談しましょう。

＊登記識別情報……登記済権利証に代わり、不動産および登記名義人となった申請人ごとに発行される、登記所が無作為に抽出したアラビア数字その他の組合せからなる12桁の符号のこと。

▶処方箋②=相続発生 後 に行う対策

　相続財産に何があるのか、相続人が把握しないまま相続が発生してしまった場合は、次のような方法で調査することになります。

　まず、不動産については、可能性がある自治体へ「固定資産税の名寄帳」の交付を請求します。

　親が死亡した場合、先に死亡した祖父母や配偶者の名義のまま名義変更されていない不動産が残っている可能性もありますので注意してください。その可能性が考えられるのであれば、親戚などに話を聞いてみるとよいでしょう。

　金融資産は、定期的に送られて来る「取引明細」や「年間取引報告書」などが届くのを待つ方法が考えられます。ただし、昨今は資金異動や契約変更がない場合、紙ベースの書類を作成しない金融機関も増えていますので、届かないからといって取引がないと判断するのは早計です。

　また、通帳を発行しない銀行も増えていますので、"当たり"をつけるのが難しくなっています。その場合、自宅にカレンダーやティッシュ、ATM処理票、メモなどが残されていないか、留守番電話に何か残っていないかなど手掛かりを探し、可能性がありそうな金融機関に片っ端から連絡するしかありません。

　なお、相続手続きが完了する前に故人の入院費の精算や葬儀代など急な資金使途が生じた場合、「預貯金債権の仮払い制度」を利用すれば、金融機関ごとに相続人一人150万円を上限として故人の預貯金を引き出すことができます（詳しくは、28ページのコラム参照）。

状況❷　遺産分割協議が進められない

▶何が問題なのか？

　相続財産に何があるのか、またその価値がいくらなのかがわからなければ、遺産分割を話し合うことができません。

　相続財産の評価額が相続税の基礎控除額を少しでも超えている場合、たとえ相続税の申告期限までに相続財産が確定せず、そのことにより遺産分割が成立していなくても、相続税の申告および納税が必要です。その場合、未分割のまま申告を行うことになりますが、申告期限までに遺産分割が成立していないので「配偶者の税額軽減」や「小規模宅地等の特例」の適用を受けることができず、高い相続税を負担することになってしまいます。

　さらに、故人名義の財産について名義変更ができませんので、相続人は各自固有の財産から相続税を納税しなければなりません。

▶処方箋①=相続発生 前 に行う対策

　状況①の〈処方箋①〉のとおり、親が元気なうちに、どこに、何があるのか、教えてもらいましょう。親の財産狙いと疑われないよう、言い方、言葉、接し方に注意し、「なぜ知っておく必要があるのか」をしっかり親に理解してもらってください。

　また、親が子（相続人）を受取人と指定した終身保険に加入してくれれば、万が一相続税の申告期限までに相続財産の確定が間に合わず、未分割の状態で相続税を納めることになったとしても、納税資金を確保することができるので安心です。

▶処方箋②=相続発生 後 に行う対策

　相続税申告期限までに相続財産が把握できない場合でも、少しでも相続財産の評価額が相続税の基礎控除額を超えている場合、その時点で判明している概算額をもとに申告しなければなりません。

　相続税申告期限までに遺産分割が成立していない場合、法定相続割合で相続税を負担することになるのですが、前述〈何が問題なのか?〉のとおり、相続税申告期限までに遺産分割が成立していない場合「配偶者の税額軽減」も「小規模宅地等の特例」も適用を受けることができませんので、各相続人が負担する相続税は重くなります。

　その他、状況①の〈処方箋②〉を参照し、並行して相続財産の把握を進めてください。

状況❸ 相続手続きが終わらない

▶何が問題なのか?

　相続財産の全容がつかめず遺産分割が成立しない場合、いつまで経っても故人名義の不動産は故人名義のままになり、故人宛に固定資産税の納付書が届いてしまいます。所有者の名義が変わらない限り、別の言い方をすれば「相続による所有権移転登記(相続登記とも言います)」が完了しない限り、建て替えや売却もできません。

　また、預貯金などの金融資産も引き出すことができませんので、例えば投資信託など値動きがある金融商品について、利益確定のために解約したいと思っても手続きすることができません。

　つまり、事務手続きを含め、相続手続き全体が終わらない状態になってしまうのです。

　万が一その状態で相続人自身に相続が発生したら、相続手続きは相

当面倒なことになります。困るのは残された遺族ですので、そうならないよう、相続手続きは都度完了させるよう心掛けましょう。

▶処方箋①＝相続発生 前 に行う対策

状況①の〈処方箋①〉をご参照ください。

▶処方箋②＝相続発生 後 に行う対策

状況①の〈処方箋②〉をご参照ください。

ワンポイントアドバイス

　相続手続きは自分以外の人が行うのだということを理解してもらい、相続人の負担が少しでも楽になるよう、自分の財産の内容は生前に明確にしておくようアドバイスしましょう。

こんな発言が出たら要注意！ 16

家族名義で貯めている お金がある

この発言から想像される状況は…

1. 名義預金の可能性がある
2. 偏った名義預金により争族に発展する可能性がある
3. 生前贈与しているのかもしれない
4. 相続時精算課税制度を利用しているかもしれない

状況別　懸念される問題とその処方箋

状況① 名義預金の可能性がある

▶どんな問題が起こるのか？

　「家族名義で貯めている」ということは、つまり「私のお金を家族の名前で貯めている」ということだと考えられますので、これは「名義預金」である可能性が高いと思います。

　「名義預金」とは、15ページの脚注にも挙げたとおり、「他人・架空名義預金」や「借名口座（借名預金）」とも言われ、真の権利者とは別の名義（例えば、配偶者や子、孫など本人以外の名義）を借りて、または存在しない名義で預けている預貯金のことです。

　相続税の対象となる財産とは「被相続人名義の財産」だと考えている方がいますが、それは勘違いです。正しくは「名義に関係なく、被相続人に所有権が帰属している財産」が相続税の対象となる財産です。名義が被相続人ではないからと言って、相続税の対象から除外されるわけではありません。

　また、家族名義で預貯金を預けている行為について、「これは生前贈与したものだ」と主張される方もいますが、生前贈与は、あげる人の「あげる」という意思と、もらう人の「もらう」という意思、両方が揃って初めて成立する民法上の契約行為です。家族名義で預貯金を預けているだけでは、あげる人の意思しかありませんので、生前贈与は成立しません。本人のお金が、形式上、家族名義の預貯金になっているだけであれば、所有権は本人に帰属していると考えられます。

　名義預金であることを当事者が認識し、相続が発生した際、真の所有者（被相続人）のものとして申告すれば課税上問題ありませんが、名義のみで所有者を判断してしまうと、後日、税務調査で指摘を受け、追徴税（過少申告加算税、仮装隠蔽とみなされれば重加算税）や延滞税など余計な税金を払うことになってしまいます。

▶処方箋①＝相続発生 前 に行う対策

　預貯金の名義と所有者は一致させておくことが原則です。名義人へ生前贈与したのであれば、第三者に対しその事実をきちんと説明できるような資料を作成し、実態もそれに合わせておきましょう。具体的には、贈与契約書を作成したほうがよいですし、お金はもちろん、通帳や印鑑も名義人自身が管理すべきです。

　「生前贈与」と「名義預金」はまったく別のものであることを理解し、「あげたつもり」「あげたけど教えない」「家族の通帳に入金しただけ」「あ

げるけど通帳も印鑑も渡さない」などでは生前贈与は成立しないことに注意しましょう。

▶処方箋②=相続発生 後 に行う対策

　家族名義で貯めているお金が名義預金であれば、名義にかかわらず「真の所有者は誰か」によって財産の帰属を判断し、そのうえで相続手続きを進める必要があります。既に配偶者や子どもの名義になっていたとしても、それが被相続人の財産であれば相続財産として遺産分割協議を行い、相続税を申告しなければいけません。相続は「実態がすべて」です。家族名義のお金を含め相続人全員で話し合ってください。

　注意が必要なのは事務手続きです。金融機関は原則、相続以外を原因とした名義変更に応じませんので、例えば、子A名義の預貯金を子Bが相続することになると、その預貯金を解約することになります。解約手続きを行うのは名義人である子Aですので、子Aが手続きに協力してくれないと解約することができません。

　また、解約すると、利率が低くなったり、商品によっては元本が割れてしまうケースもありますので、子A名義の預貯金は子Aがそのまま相続するほうが得策です。

状況② 偏った名義預金により争族に発展する可能性がある

▶どんな問題が起こるのか？

　例えば、同居している子どもや孫の名義でお金を貯めていたとします。親の意向としては「老後の世話になるから」という感謝の気持ちかもしれませんが、その気持ちを誰も知らないまま相続が発生した場合、

同居していない子どもや孫はどう思うでしょうか？「長男家族だけ…?」と不公平に感じる人もいるのではないでしょうか。「長男は家賃も払わず実家で楽に暮らしているのに、更にお金まで…」と不公平な気持ちを増幅させるかもしれません。

　このように、偏った名義預金が発覚することにより、争族に発展する可能性もあるのです。

▶処方箋①＝相続発生 前 に行う対策

　家族名義で貯めているお金に何らかの意図があるのでしたら、生前、当事者を含めた家族全員にそのことを説明しておきましょう。自分の口で説明することが重要です。

　その説明で皆の納得を得られれば問題ありませんが、もし異を唱える家族がいた場合は、遺言書を作成しておきましょう。そして、遺言書の付言に、家族名義でお金を貯めた背景や心情を記しておけば、後日「言った」「言わない」のトラブルを回避することができます。

▶処方箋②＝相続発生 後 に行う対策

　状況①の〈処方箋②〉で述べたとおり、名義預金は遺産分割の対象になりますので、家族名義の預貯金を含めて、誰が何を相談するのか、話し合ってください。

状況❸ 生前贈与しているのかもしれない

状況❹ 相続時精算課税制度を利用しているかもしれない

▶どんな問題が起こるのか？

　こうした発言があった場合、子どもや孫にお金を贈与している可能性があります。生前贈与している方の中には「もともとは私のお金だ」という思いがあり、贈与したとしても「家族名義で貯めているお金がある」という言い方をする場合があります。「生きているうちは自分のお金」という意識もあるのだと思います。

　別に贈与は悪いことではありません。相続対策、資金援助、感謝の気持ちなど、贈与した理由はそれぞれでしょうから、そこは問題ないのですが、相続相談に応じるうえで、贈与している事実を把握することはとても重要ですので、名義預金となっていないか、贈与税の申告納税は正しく行われているか、偏った不公平な贈与になっていないかなど、助言するポイントをたくさん見つけてください。

　この発言は相続対策を考えるうえで重要なキーワードになりますので聞き逃さないようにしましょう。

　相続人に対し**暦年贈与**＊していた場合、原則として贈与された財産のすべてが特別受益として、遺産分割の際に持ち戻されます。

　また、相続人Ａが相続人Ｂから遺留分侵害額請求された場合、原則として相続人Ａが相続開始前10年以内に受けた贈与財産が遺留分の対象になります。遺産分割とは異なり、贈与されたすべての財産が遺留分の対象になるのではありません。

　なお、相続税を計算する場合、暦年課税制度を利用した贈与については、相続開始前3年以内（注）に受けた贈与財産だけが相続税の対象

＊**暦年贈与**……年間110万円以内の贈与であれば贈与税が課税されない制度

財産となりますので、期間を間違わないよう注意して下さい。

　相続時精算課税制度（117ページのコラム参照）を利用して贈与していた場合も、原則として贈与された財産のすべてが遺産分割の対象になります。ただし、令和5年度の税制改正により、相続時精算課税制度について、令和6年1月1日以後に行われる贈与から、2,500万円の非課税枠とは別に年間110万円の基礎控除額が設けられることになりました。そのため、令和6年1月1日以後に同制度の適用を受け財産を贈与した場合、年間110万円以下の部分については相続財産に加算されないこととなります。

　なお、同制度の適用を受けたとしても、遺留分の対象となる財産は、暦年課税制度の贈与同様、原則として相続開始前10年以内に贈与された財産だけです。

　暦年贈与制度との違いは相続税の対象となる財産の範囲であり、相続時精算課税制度を利用した場合、令和5年までの贈与であれば贈与時期にかかわらず何年前の贈与であってもそのすべてを相続財産に持ち戻し、相続税を計算しなければいけません（令和6年以後の贈与であれば年間110万円を超える部分についてだけ相続財産に持ち戻し、相続税を計算することになります）が、暦年課税制度の贈与の場合、金額の大小にかかわらず相続開始前3年以内（注）に贈与された財産のすべてが相続財産に持ち戻されますのでご注意ください。

　また、相続時精算課税制度を利用した場合、以後同じ贈与者からの贈与について暦年課税制度の贈与の適用は受けられなくなります。一度相続時精算課税制度を選択してしまうと、令和5年までは金額の大小にかかわらず贈与された財産のすべてを、令和6年以後は年間110万円を超える金額を、それぞれ贈与される都度税務署へ申告しなければいけません。そして、2,500万円の非課税枠を超過した部分（ただ

（注）令和6年1月1日以後の贈与から毎年1年ずつ延長され、令和13年1月1日以後に開始する相続からは7年になります。

し、令和6年1月1日以後は年間110万円までの部分は除く）について一律20％の贈与税を納税する必要があるのです。

▶処方箋①=相続発生 前 に行う対策

まず、贈与している事実を把握し、その行為が生前贈与として正しく行われているのか否か、名義預金とみなされる恐れはないか、遺産分割や遺留分の対象となることを理解しているか、相続税の対象となる可能性があることを理解しているかなど、「相続」と「相続税」の両面から確認してください。そのうえで問題や勘違いがあれば、それに対する具体的な解決策を助言してください。

▶処方箋②=相続発生 後 に行う対策

まず、生前贈与なのか名義預金なのかを把握することです。そのうえで、「相続」と「相続税」に分け、それぞれの対象財産を確定させ、相続手続きを進めてください。

		生前贈与	名義預金
相続	遺産分割	（原則）すべて対象	すべて対象
	遺留分	（原則）10年以内	すべて対象
相続税		3年以内（注）	すべて対象

(注)令和6年1月1日以後の贈与から毎年1年ずつ延長され、令和13年1月1日以後に開始する相続からは7年になります。

ワンポイントアドバイス

生前贈与であるか否かは、その財産の①資金源泉が誰か、②管理者は誰か、③支配者は誰か、に照らして判断されますので、名義を移すだけのような安易な考えは慎むよう注意してください。

コラム 押さえておきたいプラスワン知識

相続時精算課税制度

　原則として60歳以上の父母または祖父母から、18歳以上の子または孫に対し、2,500万円までなら財産を贈与しても贈与税がかからない制度のことです。贈与額が2,500万円を超えた場合、一律20%の贈与税がかかります。

暦年課税制度の贈与と相続時精算課税制度

	暦年課税制度の贈与	相続時精算課税制度
贈与者 (あげる人)	誰でもよい	贈与をした年の1月1日において60歳以上※である父母または祖父母 ※住宅取得の贈与の場合は60歳未満でもOK
受贈者 (もらう人)	誰でもよい	贈与を受けた年の1月1日において18歳以上である贈与者の推定相続人(子)および孫
非課税限度額	年間110万円 (受贈者ベース)	(総枠) 2,500万円 (基礎控除額) 110万円(※ 1) (贈与者ベース)
非課税限度額を超えた場合	超過累進税率 (10%~55%)	一律20%
贈与税の申告	年間110万円を超えた場合	金額に関わらず、贈与された都度 ただし、令和6年1月1日以後は、年間110万円以内であれば申告不要
贈与者が死亡した場合の相続税	相続または遺贈により財産を取得した者は、相続開始前3年以内(※2)に被相続人から贈与された財産を相続財産に加算して計算する	本制度を適用した贈与財産は、すべて贈与時の価額で相続財産に加算する ただし、令和6年1月1日以後に贈与された財産は、年間110万円以内の部分は加算しない

(次ページに続く)

相続財産に加算される場合の評価額	贈与時 ※民法上は話し合った時	贈与時 ※民法上は話し合った時
贈与の回数制限	特になし	特になし
注意点	相続時精算課税制度を選択した後は適用なし （贈与者が異なれば適用 OK）	一度選択した場合、暦年課税制度の贈与には戻れない（贈与者が異なれば適用 OK）

※1…令和6年1月1日以後
※2…令和6年1月1日以後におこなわれる贈与から毎年1年ずつ延長され、令和13年1月1日以後に開始する相続等から7年以内になる。

　この制度を選択すると、その後、同じ人から「暦年課税制度の贈与（年間110万円まで非課税）」の適用は受けられなくなります。
　また、この制度の贈与者である父母または祖父母が死亡した場合、相続財産にこの制度を利用して贈与した財産の価額を加算して相続税額を計算します（令和6年1月1日以後に贈与された財産については、年間110万円以内は加算不要）。加算する場合の価額は贈与時の価額となります。
　このように、相続時精算課税制度は、贈与税・相続税を通じた一体的な課税が行われる制度です。

こんな発言が出たら要注意！ 17

上場していない会社の株式を持っている

この発言から想像される状況は…

① 想像以上に株価が高い可能性がある
② 相続税の納税資金が不足している可能性がある
③ 遺産分割が不平等になる可能性がある

状況別　懸念される問題とその処方箋

状況❶ 想像以上に株価が高い可能性がある

▶どんな問題が起こるのか？

　相談者が「上場していない会社」と発言する場合、その相談者は同族会社の経営者一族であるケースが多いと思います。

　同族会社の経営者一族が保有している株式の価額は、相談者が思っている以上に高いケースがほとんどです。その理由は、保有不動産の価格上昇、類似業種の業績好調、含み益の増大など様々ですが、決算書が時価ではなく簿価（帳簿価額）で記載されていることや、保険積立金などの簿外資産があることも理由の一つに挙げられます。

　また、平成29年度の税制改正により非上場会社に係る株式評価の

計算方法が見直され、それまでは利益金額によって大きく株価が左右されていたのが、平成29年からは純資産価格が株価を左右する大きな要素の一つになりました。

　この改正により、長年赤字の会社であっても株価がプラスの場合がありますので注意が必要です。

　株価が高ければ当然納める相続税も高くなり、遺産分割のバランスにも配慮が必要になってきます。

▶処方箋①＝相続発生 前 に行う対策

　まず現状把握を行い、自社株の評価額を含め、現在の状況を把握しましょう。

　次に、自社株以外の財産を含めた相続財産全体の概算評価を行い、相続税総額を把握しておきましょう。相続税の納税資金が不足している場合、別途、納税資金の調達と節税対策が必要となります。（詳しくは124ページからの状況②参照）

　納税資金が足りていたとしても、後継者が価額の高い自社株を相続することで、会社とは関係ない相続人との間で相続分を巡り争族になる可能性があります。その備えとして遺言書を作成すべきですが、それでも遺留分の問題は残ります（詳しくは126ページからの状況③参照）。

　株価を引き下げる対策には様々な方法があり、一概にどれが良いかは言えません。代表的な株価対策として、退職金の支給、損失の計上、不動産投資などがありますが、すべての会社で必ず効果が得られるとは限りませんので、税理士など専門家を交えてじっくり取り組んでください。

　なお、自社株の評価額が高いことに対する相続税対策としては、事

業承継税制における相続税の納税猶予制度（「新事業承継税制の特例措置」。詳しくは122ページのコラム参照）の利用を検討してはいかがでしょうか。

　ただし、同制度の利用にあたっては、令和6年3月31日までに「特例承継計画」を提出するなど一定の要件を満たす必要があります。しかし、「特例承継計画」を提出したからと言って、必ず同制度を利用しなければいけないわけではありませんし、提出することによるデメリットもありませんので、実際に利用するか否かに関わらず、とりあえず「特例承継計画」提出しておき、後日の選択肢を増やしておく手もあると思います。

▶処方箋②＝相続発生 後 に行う対策

　問題が「相続税納税資金」にある場合は、後述の状況②をご参照ください。

　問題が「遺産分割対策」にある場合は、後述の状況③をご参照ください。

事業承継税制における贈与税・相続税の
納税猶予制度（「新事業承継税制の特例措置」）

　後継者である相続人や受遺者などが、「中小企業における経営の承継の円滑化に関する法律」の認定を受けている非上場会社の株式等を贈与または相続などにより取得した場合、一定の要件のもと、その非上場株式等に係る贈与税・相続税について本来負担すべき贈与税や相続税の納税が猶予され、将来後継者の死亡等により猶予されていた贈与税や相続税の納付が免除される制度です。

　事業承継税制には、平成21年に創設された制度（「事業承継税制の一般措置」）と、平成30年4月に創設された制度（「新事業承継税制の特例措置」）の2つの制度が併存しています。

　特に使い勝手が良いのは平成30年4月に創設された「新事業承継税制の特例措置」です。10年間の時限措置ではありますが、従来の「一般措置」に加え、納税猶予の対象となる非上場株式等の制限（総株式数の3分の2まで）が撤廃され、納税猶予される割合も80％から100％へ引き上げられました。その他、両制度にはいくつか違いがありますので、詳しくは次ページの図表をご参照ください。

　「新事業承継税制の特例措置」の適用を受けるためには、平成30年4月1日から令和6年3月31日までの間に、後継者や承継後5年間における経営計画などについて記載した「特例承継計画」を都道府県知事へ提出しなければいけません。「特例承継計画」には、「認定経営革新等支援機関」の指導および助言を受けた旨の記載が必要です。「認定経営革新等支援機関」には、税理士や商工会

議所、金融機関などが登録されています。

事業承継税制（「一般措置」と「特例措置」）

[特例措置] 平成30年1月1日〜令和9年12月31日

平成30年4月1日から令和6年3月31日までの間に「特例承継計画」を都道府県に提出した「特例認定継承会社」が対象。
（結果的に活用しなくてもデメリットなし）

対象株式数	すべて
猶予税額	贈与税100% 相続税100%
猶予対象者	筆頭株主に限らず最大3人まで
贈与者	特例承継期間（5年）に限り 代表者以外でも可
猶予打ち切りの場合における 納付税額の計算	譲渡・合併・解散等の時の株価ベース
雇用確保要件	緩和（認定経営革新等支援機関の意見が 掲載された書類を提出）

[一般措置] 平成20年10月1日〜

対象株式数	3分の2まで
猶予税額	贈与税100% 相続税80%
猶予対象者	筆頭株主である後継者1人
贈与者	代表者（元代表者を含む）
猶予打ち切りの場合における 納付税額の計算	継承時の株価ベース
雇用確保要件	5年間、平均で8割維持

状況❷ 相続税の納税資金が不足している可能性がある

▶どんな問題が起こるのか？

　相続財産には、現金や預貯金だけでなく不動産や同族会社の株式など様々な種類がありますが、いずれにせよ相続税は申告期限までに現金で納めるのが原則です。

　現金がない場合、延納や物納を利用する方法もありますが、令和3年に物納申請された件数は63件と、課税件数13万4,275件の約0.05％に過ぎません。更に、同年に物納が許可された件数は75件ですので、認められた件数も課税件数の約0.06％しかありません。つまり、物納は1,000件に1件に満たない割合しか認められない制度なのです。

　そもそも、「同族会社の株式を手放す＝一族の会社ではなくなる」わけですから、経営権を維持し続けるためには物納に限らず同族会社の株式を第三者へ譲渡するわけにはいきません。検討すらしない（できない）はずです。仮に経営権の問題を考えず物納を検討したとしても、先ほど数字で説明したとおり、承認されるハードルは相当高いと思ってください。

　換金性、市場流通性、流動性に劣る非上場会社の株式に対しても相続税がかかり、しかもかかった相続税は申告期限までに現金で納税しなければならないことを認識しましょう。

▶処方箋①＝相続発生 前 に行う対策

　将来も会社で事業を行っていくのであれば、新事業承継税制の特例措置「贈与税の納税猶予制度」（122ページのコラム参照）を利用し、自社株を後継者へ贈与してはいかがでしょうか。

　ただし、本制度の適用を受けるためには贈与時点で代表者が交代している必要があり、また後継者の役員在任期間が継続して3年以上必要など一定の条件がありますので、適用要件を満たしているかどうか確認したうえで検討してください。

　生命保険を活用する方法もあります。先代の年齢や体調にもよりますが、例えば、会社が先代を被保険者とした役員保険に加入し、先代に相続が発生した場合、その保険金を原資に後継者へ死亡退職金として支給する方法です。また、先代自身が自分を被保険者とした終身保険に加入し、後継者を受取人に指定しておく方法もあります。

　相続税の課税価格には同族会社の株式以外の財産も含まれますから、全体を見て、費用対効果、実現までにかかる時間、法改正リスクなどを勘案し、相続税対策を実施していくことが王道になります。

▶処方箋②=相続発生 後 に行う対策

　新事業承継税制の特例措置「相続税の納税猶予制度」（122ページのコラム参照）の利用を検討してはいかがでしょうか。ただし、本制度の適用を受けるためには後継者は原則として相続発生直前に役員に就任している必要があり、その他相続開始から5ヵ月以内に後継者が代表に就任しなければならないなど一定の要件がありますので、適用を受けられる状態なのかどうか確認したうえで検討してください。

　この制度の問題点は、一度利用してしまうと簡単にはやめられないことです。目先の相続税のために安易に利用してしまうと、将来における経営の自由度を阻害しかねません。ただでさえ中小企業を取り巻く環境は不透明ですので、実際に利用すべきかどうか、税理士などの専門家を交え、メリット・デメリットを比較したうえで慎重に検討してください。

図表2　非上場株式の納税猶予制度

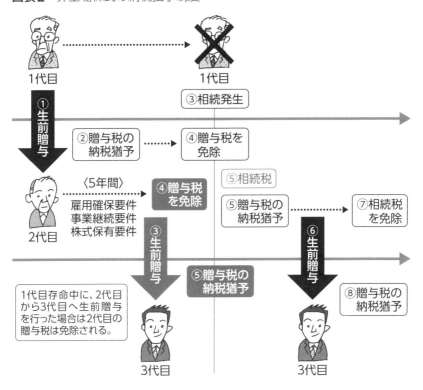

状況❸　遺産分割が不平等になる可能性がある

▶どんな問題が起こるのか？

　会社は株主のものであり、後継者が同族会社の支配権を確保するた
めは一定の株式数を保有する必要があります。自社株が分散してしま
うと株主総会で必要な決議を得られず、会社の運営に支障をきたして
しまうかもしれません。

　つまり、安定的な会社運営を考えた場合、後継者が自社株を相続せ
ざるを得ないのです。ところが、評価額が大きい自社株を後継者が相

続することで、遺産分割が不公平になってしまう問題が生じます。長男が1億円の自社株を相続するなら、二男も1億円相当の財産を相続しないと平等にならないからです。

　相続した自社株は譲渡するわけにもいかず、後継者にとって自由に使える財産が手に入ったわけではないのですが、他の相続人との兼ね合いにより遺産分割対策が必要になる場合があるのです。

▶処方箋①=相続発生 前 に行う対策

　先代が元気なうちに各相続人に対し、「後継者である○○へ自社株を全部相続させたい」、「金銭価値に置き換えたら遺産分割が平等にならないかもしれないが、家業であり、協力してほしい」とお願いしておけば揉め事を回避することができる可能性が高まります。

　そのうえで、万が一争族になった場合を想定し、遺言書を作成しておくべきです。将来の紛失や偽造・変造、法的要件の欠格などのリスクを回避するためには公正証書遺言にしておくほうが安心です。

　さらに、後継者が自社株を確実に承継できるよう、「相続させる」ではなく「遺贈する」と記載し、明確に**特定遺贈***しておく手もあります。

　また、遺言書の付言に、このような遺言書を作成した心情や背景などを記載しておけば、残された遺族が先代の気持ちを理解することができます。具体的な書き方などは弁護士や司法書士、行政書士などの専門家、あるいは公証役場の公証人へご相談ください。

　なお、法的に有効な遺言書を作成しても遺留分の問題は残りますので、遺留分対策として後継者が自由に使える現金を準備しておく方策も必要です。役員報酬の増額、役員保険の活用、生前贈与、孫に対する教育資金の一括贈与などその方法は様々ですが、概算で構いませんので、

***特定遺贈**……特定の財産を指定して遺贈すること（例「○○株式会社の株式を××へ遺贈する」）。

「いつ」までに「いくら」必要なのか、目標を立て、対策していきましょう。

　令和元年7月以降の相続などに係る遺留分から、相続人へ行った贈与（特別受益）は原則として相続開始前10年以内のものだけが遺留分算定基礎財産に含まれることと改正されました。

　しかし、事業継承税制における納税猶予制度を活用し自社株のような大きな金額を後継者へ贈与した場合、裁判では「特別な事情」があるとして相続開始前10年より前の贈与であっても遺留分の算定基礎

図表3　遺留分の対象財産

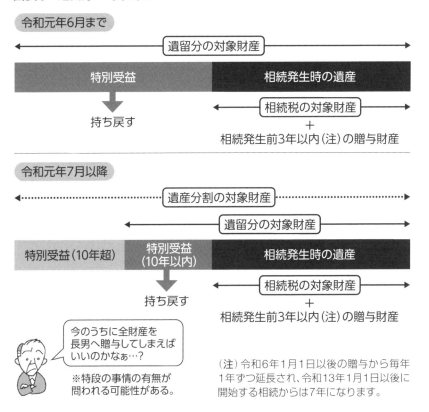

財産へ持ち戻される可能性がありますので注意が必要です（図表3参照）。

　なお、民法特例による「除外合意」と「固定合意」を利用する方法も考えられますが、事前に推定相続人全員の合意が必要なため、ほとんど活用されていないのが実態です（図表4）。

図表4　民法特例の「除外合意」と「固定合意」

●除外合意
　・同族会社の株式を遺留分対象の財産から除外すること。
　・除外合意の対象となった株式などは遺留分算定基礎財産に算入
　　されず、遺留分侵害請求の対象にもならない。
●固定合意
　・同族会社の株式の価額を推定相続人全員の合意時の評価額で固
　　定して、遺留分対象の財産に含めること。

▶処方箋②=相続発生 後 に行う対策

　当事者間で話し合うしかありません。当事者同士での話し合いが難しい場合、①弁護士を介して話し合う、②家庭裁判所へ調停を申し立てる、③調停が不調に終わった場合審判に移行する、の流れになります。

　以前、自社株の60％を保有していた父が死亡し、後継者である長男と嫁いだ長女との間で争族になった事案がありました。当初長男は自社株の全部の相続を希望していましたが、同額の財産の相続を希望する長女がまったく譲歩しなかったため、父の財産である自社株を30％ずつ分けて相続する案を提示しました。

　長男は既に自社株の40％を保有していたため、あと30％保有できれば全体の70％を保有することができ、株主総会の特別決議に支障

をきたさないからです。

　困ったのは長女です。高額な自社株を30%相続しても相続税を支払う原資がありません。結局、自社株に換金性、流動性がないことを長女に理解してもらえ、長男から長女へ常識的な額の代償金を支払うことで合意できました。

ワンポイントアドバイス

　現状把握がすべてのスタートです。現状を把握しない限り問題点を把握することはできません。問題点がわからなければ対策は立案できません。

コラム 押さえておきたいプラスワン知識

会社は誰のもの？

　会社は誰のもの？　と考えたことはありますか。一番偉い社長のもの？ 会長のもの？ それとも創業者のもの？

　会社は、従業員や取引先、お客様、銀行など関係するすべての人（ステークホルダー＝利害関係者）のためにあるという考え方もありますが、会社の意思決定機関の頂点が株主総会であることを考えると、やはり「会社は株主のもの」ということになります。

　社長は、株主から選ばれて経営を任されているだけですので、会社の所有者ではありません。株主が「ノー」と言えば、社長は交代させられます。このことを「所有と経営の分離」といいます。

　会社が株主のものである以上、同族会社の相続・事業承継を考える場合には、後継者が支配権を得られるよう、持ち株割合を意識した対策を心掛けましょう。

こんな発言が出たら要注意！　18

分けることが難しい不動産や株式がある

この発言から想像される状況は…

1. 遺産分割の方法や配分で苦労しそう
2. このお客様は地主かもしれない
3. このお客様は会社のオーナーかもしれない

状況別　懸念される問題とその処方箋

状況❶　遺産分割の方法や配分で苦労しそう

▶どんな問題が起こるのか？

　遺産分割の方法は「現物分割」が基本です。現物分割というのは、不動産や株式などの財産をそのまま相続する分割の方法です。例えば、自宅は長男、アパートは二男、株式は長女がそれぞれ単独で相続する分け方です。

　ところが、ある財産の評価が著しく高額な場合、誰か一人がその財産を相続してしまうと相続人間の公平を保てず不公平になってしまう場合があります。例えば、故人の財産が駅前のビル1棟であるとか、創業した会社の株式だけであるとか、です。

他に財産があればよいのですが、他に分けられる適当な財産がない、もしくはあっても価額がかけ離れているといった場合、平等・公平を重視すると遺産分割協議が滞ってしまいます。

　分けられないからと言って財産を相続人の共有名義にしてしまうと、不動産であれば、将来、建替えや売却などをする際に全員の足並みが揃わなかった場合、最悪塩漬け状態となってしまいます。さらに、相続した子が死亡すると、その子（つまり孫）が相続することになり、親族関係が希薄した状況での共有になってしまいます。

　株式であれば現物分割できますが、その株式が同族会社の自社株であった場合、後継者が株式の一部しか相続できないと、保有株式の割合によっては支配権を確保できず、安定的な会社の運営に支障をきたしてしまう可能性が生じます。

　遺産分割できずそのままにしておくと、権利行使者の指定は持分に従い、その過半数で決する**準共有**＊の状態になりますので、相続人の数によっては最悪、後継者が会社を追い出されてしまうかもしれません。

　つまり、分けることが難しい財産がある場合、偏った遺産分割が避けられず、不公平が争族を生むきっかけとなってしまうのです。

▶処方箋①＝相続発生 前 に行う対策

　遺言書を作成し、分けにくい財産をＡに単独で相続させ、そのうえでＡとは別の相続人Ｂに遺留分を侵害しないよう他の財産を相続させることができればベストです。

　ところが、Ｂに遺留分を満たす財産を相続させられない場合、相続発生後、ＡはＢから遺留分侵害額請求されてしまうかもしれません。そこで、受取人をＡと指定した生命保険に加入しておけば、Ｂが遺留分権を行使した場合、Ａはその保険金を原資にＢへ遺留分相当額の金

＊**準共有**……所有権以外の財産権（例えば、権利など）を複数の人が有すること。所有権を複数で有することを「共有」という。

銭を交付することができますので、争いを早期に解決することができます。

　Bが遺留分権を行使しなかった場合でも、Aは分けられない財産を相続する代償としてその保険金を原資にBへ代償金を交付することができますので、余計な争いを避けることができます。

　受取人指定がされている生命保険金は原則、遺産分割の対象財産ではありませんので、遺留分対策として有効です。ただし、「原則」とある以上「例外」があります。相続人間の公平が著しく損なわれるような生命保険金額の場合、その保険金も遺産分割の対象となる場合がありますのでご注意ください（詳しくは134ページのコラム参照）。

▶処方箋②＝相続発生 後 に行う対策

　遺産分割の優先順位は、①現物分割、②代償分割、③換価分割、④共有分割ですので、現物での分割が難しい場合、代償分割を検討することになります。

　代償分割とは、ある特定の財産をAが相続し、Aから他の相続人Bへ別の財産を交付する遺産分割方法です。AからBへ代償財産を交付する方法は、当事者間で合意すれば一括払いでも分割払いでも問題ありません。

　ただし、裁判所で調停や審判などになった場合、原則として分割払いは認められず、代償分割を成立させるためには一括で代償財産を交付することが可能であることを示す必要があります。そのため分割払いを希望する場合は、調停などになる前の合意を目指すべきです。

　なお、相続税は「相続発生時の相続税評価額」で計算しますが、遺産分割や遺留分は「話し合ったときの時価」を基準に話し合いますので、評価額と時価に大きな乖離がある場合、多額の代償財産が必要に

なりますので注意が必要です。

　もしＡに交付できる代償財産がない場合は、換価分割を視野に入れなければなりません。調停や審判などになった場合、裁判所が相続財産の換価処分の判断を下すかどうかはケース・バイ・ケースです。状況によっては換価分割ではなく、相続財産を相続人間の共有とする判断を下す場合もあります。

　相続人が財産の共有状態を解消するためには、別途、共有物分割の話し合いを行う必要があり、解決するまで相当な時間を要してしまいます。

　「譲るべきところは譲る」、その気持ちをもって接しないと、誰も得しない結論に至る場合もありますので、冷静に話し合いましょう。

コラム 押さえておきたいプラスワン知識

生命保険金は遺産分割の対象か？

　受取人指定がされている生命保険金は民法上の相続財産ではありませんので、原則遺産分割を要せず、受取人固有の権利として受取人が単独で受け取ることができます。

　しかし、ある相続人が高額な保険金額を受領したために著しく相続人間の公平が損なわれていると判断された場合、民法903条に定める特別受益の趣旨に照らし、例外的に保険金を遺産分割の対象に含める場合があります。

【最高裁第二小法廷（平成16年10月29日決定）】
・相続人である子甲は、親と同居するため自宅を増築し、死亡するまで痴呆状態だった親と同居し介護していた。

・子甲は、親が「契約者及び被保険者」である保険契約の保険金3件合計約793万円を受領した。

➡最高裁第二小法廷（平成16年10月29日決定）「特別受益に準じて持戻しの対象とすべきでない」

（省略）

　上記の養老保険契約に基づき保険金受取人とされた相続人が取得する死亡保険金請求権又はこれを行使して取得した死亡保険金は、民法903条1項に規定する遺贈又は贈与に係る財産には当たらないと解するのが相当である。

　もっとも、上記死亡保険金請求権の取得のための費用である保険料は、被相続人が生前保険者に支払ったものであり、保険契約者である被相続人の死亡により保険金受取人である相続人に死亡保険金請求権が発生することなどにかんがみると、保険金受取人である相続人とその他の共同相続人との間に生ずる不公平が民法903条の趣旨に照らし到底是認することができないほどに著しいものであると評価すべき特段の事情が存する場合には、同条の類推適用により、当該死亡保険金請求権は特別受益に準じて持戻しの対象となると解するのが相当である。

　上記特段の事情の有無については、保険金の額、この額の遺産の総額に対する比率のほか、同居の有無、被相続人の介護等に対する貢献の度合いなどの保険金受取人である相続人及び他の共同相続人と被相続人との関係、各相続人の生活実態等の諸般の事情を総合考慮して判断すべきである。

（下線は筆者）

状況❷ このお客様は地主かもしれない

▶どんな問題が起こるのか?

　例えば、農家の場合、農業を継ぐ長男がすべての田畑を相続するケースがほとんどだと思います。**家督相続**＊は昭和22年施行の新民法により廃止されましたが、それでも農家や一部の方には先祖代々から受け継いだ田畑やお墓は長男が承継し、かつ親の面倒を見るものだと考えている方が少なくありません。

　その考えを否定するつもりはまったくないのですが、法律がその考え方に沿っているかというと、残念ながら違います。ですので、家督相続的な考え方を通そうとすると偏った遺産分割にならざるを得ず、前述の状況①同様、遺産分割の成立が難しくなります。

　また、地主の場合、不動産という資産はたくさんあるものの、それに見合うお金（現預金）があるかと言うと…ない人も少なくありません。不動産を減らさずそのまま次世代へ残そうと思ったら、それなりのお金（相続税）が必要になり、納税資金対策も必要です。

　さらに、財産が多いということは当然相続税も多額になりますので、相続税対策も必要でしょう。不動産は節税と相性が良いので、早目の対策が良い結果を生みます。

▶処方箋①=相続発生 前 に行う対策

　まずは、①遺産分割、②相続税納税資金、③相続税額のうち何が問題なのか、現状を把握すべきです。そのうえで、浮き彫りとなった問題を解決するための対策を講じましょう。遺言作成は法定相続割合を遺留分に変えることができる点で非常に有益です。

　気を付けなければいけないのは、「こうすれば必ず解決できる」と

＊家督相続……原則として長男が相続財産のすべてを引き継ぐ制度のこと。

いう魔法は存在しないということです。時の経過とともに気持ちも状況も変わり、また税制や法律も改正されますので、定期的な見直しは必須です。

▶処方箋②=相続発生 後 に行う対策

　相続財産が土地などの場合、遺産分割の仕方で相続税額が変わります。土地等の評価は「**評価単位***」ごとに行いますので、誰がどのように相続するかにより評価額が異なり、その結果、相続税額も異なります。

　その他、「地積規模の大きな宅地」適用の有無、「**特定路線価***」を設定すべきか「無道路地」として評価すべきかの判断、「小規模宅地等の特例」の適用可否など、土地などには検討すべきポイントがたくさんありますので、使える特例などはフルに活用すべきですし、その相談に応じられる資産税に強い税理士に申告を依頼すべきと思います。

　相続税納税資金を捻出するために土地等を処分しなければならない場合、相続税申告期限までに売却すべきか、一時的に資金調達すべき（例えば銀行などから借り入れるなど）、**取得費加算の特例***適用を受けることができる相続税申告期限から3年以内に売却すべきか、あるいは延納するのか物納するのかなど、いくつかの方法がありますので、それぞれのメリット・デメリットを比較のうえ検討してください。

***評価単位**……宅地を評価する際基礎となる単位のこと。宅地は、1筆ごとに評価するのではなく、利用の単位となっている1区画ごとに評価します。
***特定路線価**……路線価が設定されていない道路にのみ接している宅地を評価する場合に、納税者からの申し出により特定路線価を設定することができる制度のこと。
***取得費加算の特例**……相続などにより取得した土地などの財産を、一定期間内に譲渡した場合に、相続税額のうち一定金額を譲渡資産の取得費に加算することができる特例。

状況❸ このお客様は会社のオーナーかもしれない

▶どんな問題が起こるのか？

　安定的な会社運営のためには後継者による自社株の単独保有が欠かせません。同族会社の自社株が遺産分割上問題であることは状況①のところで述べたとおりです。

　自社株の相続税評価額が想像以上に高額な場合があります。類似業種比準価額は同業の上場会社の株価を参考にし、純資産価額は土地や有価証券の評価額に左右されるというように、自社株の評価は会社の実力とは別の数字により評価されてしまうからです。評価額が高いということは、遺産分割、相続税納税資金、相続税、すべてにおいて問題ありと言えます。

　また、カリスマ創業者が退任した後、会社のマネジメント・運営面で困らないよう、事業承継にも気をつけなければいけません。

▶処方箋①=相続発生 前 に行う対策

　前述の状況② 〈処方箋①〉で述べたとおり、「現状把握→問題点の認識→解決策の策定・実行」が相続対策の基本です。

　遺言作成はマストだと思います。遺言を作成する際、付言に遺言書を作成した背景や心情を綴っておくと、争族回避に効果的です。

　相続対策というと、財産の承継である「相続」にばかり目が行ってしまいがちですが、会社オーナーの場合、経営の承継である「事業承継」についても対策が必要です。

　法人に相続はありません。一度減速した船が元の速度に回復するのに時間がかかるように、一度落ちた売り上げを元に戻すには相当な時間と労力を要します。後継者の育成、従業員の労務管理、取引先との

関係、銀行などとの付き合い、財務状況の把握など、会社を運営していくため基盤やインフラ整備にも目を向けて対策を講じましょう。

▶処方箋②=相続発生 後 に行う対策

　会社オーナーの場合、個人としての「相続手続き」と、会社のオーナーとしての「事業承継」、両方の手続きを並行して行わなければいけません。いつまでに、誰が、何を、どのように行わなければいけないか、考えながら走る必要があります。顧問税理士や専門のコンサルタントの意見を参考に、いろいろな角度から検討してください。

> **ワンポイントアドバイス**
>
> 　法定相続割合で相続できる状況でなくても、揉めたら最後は法定相続割合が基本となることを踏まえ、「できること」と「できないこと」を整理して考えましょう。

こんな発言が出たら要注意！　19

財産に有価証券などの投資性商品が多い

この発言から想像される状況は…

1 遺産分割で揉める可能性がある
2 納税資金に困るかもしれない
3 そのまま相続できないNISA口座があるのではないか

状況別　懸念される問題とその処方箋

状況① 遺産分割で揉める可能性がある

▶どんな問題が起こるのか？

　故人が、有価証券など値動きのある金融商品を多く保有している場合、相続開始時と遺産分割時の価額の違いにより揉めてしまう可能性があります。

　相続税は「相続開始時」の「相続税評価額」で計算するのに対し、遺産分割は「話し合った時」の「時価」を基準に話し合うからです（図表1参照）。

　例えば、有価証券の価額が1,000万円だった時に相続が発生した場合、相続税は「相続財産1,000万円」として計算します。相続が発

図表1

	適用法	評価時点	価額
相続	民法	話し合った時	時価
相続税	相続税法	相続開始時	相続税評価額

生してから半年後に遺産分割について話し合う際、その有価証券の価額が800万円に下落していた場合、遺産分割は「相続財産800万円」として話し合うことになります。

　もし「長男が有価証券を全部相続し、二男へ代償金としてその2分の1の金銭を支払う」と合意した場合、いったい長男は、二男へいくら代償金を払えばよいのでしょうか

　500万円？　それとも400万円？　正解は400万円です。遺産分割はその時の時価が基準だからです。

　この場合、相続税申告書には『長男が取得した有価証券1,000万円、代償金▲400万円』と記載しますので、長男は600万円に対する相続税を負担しなければいけません。しかし、相続した有価証券の時価は800万円に下落しているため、長男は差し引き400万円の取得財産に対し、600万円に対する相続税を納税しなければならないのです。一方、二男が取得した財産は『代償金400万円』ですので、二男は400万円に対する相続税の負担で済みます。つまり、税引き後の手取り額が異なってしまうのです。

　長男は「なんで半分ずつ分けたのに僕の方が相続税の負担が重いのか」と思うでしょうし、二男は「兄が相続した有価証券はそのうち回復するかもしれないのだから500万円くれてもいいのに」と思うかもしれません。

　なお、相続税の負担を公平にするために、お互い500万円に対し

て相続税を負担するとした申告を行うこともできます（相続税法基本通達第11条の2-10）が、この方法を採用すると、逆に400万円しか相続していない二男にスッキリしない気持ちが残ってしまうでしょう。

このように、有価証券などの投資性商品は値動きがあるため「相続開始時」と「遺産分割時」で価額に乖離が生じてしまう可能性が高く、その乖離が大きければ大きいほど話し合いが難しくなってしまうのです。

▶処方箋①＝相続発生 前 に行う対策

高齢になったら値動きのある投資性商品の取引は控えるべきだと思います。「頭の体操」として投資を続ける高齢者もいますが、趣味の範囲で済む程度の金額にとどめ、過度な投資は控えるべきです。

投資性商品の取引を継続する場合は、遺言書を作成し「有価証券はすべて長男に相続させる。ただし、長男はその代償として、相続開始時の相続税評価額の2分の1に相当する金銭を二男へ交付する」と記載しておけば、相続後の値動きを担保することができます（この案だと、長男が相続した有価証券が相続後に大きく下落した場合、長男が不利になってしまいますので、1つの案として考えていただければと思います）。

▶処方箋②＝相続発生 後 に行う対策

遺産分割について話し合う前に、値動きのある投資性商品を相続する際のルール（前提条件）を定めておくとよいと思います。例えば「相続発生時の相続税評価額」を基準に話し合う、「〇月〇日の終値」を基準に話し合う、といったように決めておくのです。

遺産分割は、互いに合意していればどのようなルールを基に話し合っても問題ありませんので、皆が納得できるルールを定めてから話し合っ

てください。

　ルール（前提条件）を決めずに話し合いを開始してしまうと、後日、価額が大きく動いた時に、「最初の話と違う」といつまで経っても遺産分割が成立しない事態に陥ってしまいます。

状況❷　納税資金に困るかもしれない

▶どんな問題が起こるのか？

　相続した有価証券などを相続税の納税原資として考えている場合、換金時に値上がりしていれば気分よく換金できますが、値下がりしている場合には悩むことになります。他に納税資金として適当な財産があればよいのですが、ない場合、値下がりしていても有価証券などを換金せざるを得ません。有価証券などの価額が大きく下落している場合、最悪、有価証券などだけでは資金が足りなくなってしまうかもしれません。

　また、値動きリスクを回避するため少しでも早く換金したいと考えても、遺産分割が成立しない限り金融機関は名義変更などの手続きに応じてくれませんので、前述の状況①で見たとおり、有価証券などの下落により遺産分割が成立していない場合、苦しい状況が続いてしまいます。

▶処方箋①＝相続発生 前 に行う対策

　相続税納税資金として有価証券などをあてにしないで済むよう、別の財産で準備しておきましょう。

　受取人を指定した生命保険であれば、受取人単独で保険金を請求することができ、かつ預貯金や有価証券などと異なり相続が発生しても

凍結されませんので、相続税納税資金として優れています。相続税における非課税枠（相続人1人500万円）もありますので、ぜひご活用ください。

　遺言書を作成し「長男に全財産を相続させる。ただし、長男はその代償として他の相続人へ金〇〇万円交付する」と記載しておけば、有価証券などを含む全財産が長男のものとなり、長男が単独で名義変更などの手続きを行えますので、遺産分割する必要がありません。

　ただし、代償金の額によっては他の相続人から遺留分を請求されてしまう可能性がありますし、法的に有効な遺言書があっても、所定の書類に相続人全員の署名・実印押印（印鑑証明書添付）がない限り名義変更などに応じてくれない金融機関もありますので、事前に取引金融機関へ確認しておくとよいでしょう。

▶処方箋②=相続発生 後 に行う対策

　有価証券などの換金を優先させるため、有価証券などについてだけ先行して遺産分割を成立させる手があります。ただし、全財産に関する遺産分割が成立する前に部分的な分割を成立させてしまうと、その後、全体分割について話し合う際に「制限つき」となってしまいますので、できれば避けたいところです。どうしての場合の手段と割り切ったほうがよいでしょう。

　手続きとしては、①有価証券などに関する部分的な遺産分割協議書を作成する、②有価証券などを取引している金融機関所定の書類に相続人全員が署名押印し名義変更および契約手続きを行う、という方法があります。

状況❸ そのまま相続できないNISA口座がある のではないか

▶どんな問題が起こるのか？

　故人が「NISA（少額投資非課税制度）口座」を開設していた場合、たとえ相続人がNISA口座を開設していたとしても、NISA口座内にある故人の上場株式等を相続人のNISA口座へ移すことはできません。相続によって取得した上場株式等は、NISA制度の適用を受けられないのです。

　また、相続発生後すぐに解約する予定であっても、故人が取引していた金融機関に相続人が課税口座（特定口座・一般口座）を開設したうえで故人の上場株式等の移管を受けない限り解約できません。しかも、遠く離れて暮らしていた親子であっても、故人のNISA口座と相続人の課税口座は、必ず同じ金融機関でないといけないのです。

　相続人が受け入れたNISA口座内の上場株式等の取得価額は「相続発生日の時価」、取得日は「相続開始時」となり、故人の取得価額も取得日も引き継ぐことはできません。たとえ故人が保有していた上場株式等に大幅な損失が生じていても、相続人が従来から保有する上場株式等の利益と、故人から相続した上場株式等の損失を通算することはできないのです。

▶処方箋①=相続発生 前 に行う対策

　子に投資経験があり、上場株式等を相続することに抵抗がないのであればまだしも、子に投資経験がない、もしくは、投資経験はあっても親がNISA口座を開設している金融機関と子が取引する予定がないのでしたら、親が元気なうちにNISA口座を解約すべきだと思います。

親がNISA口座を保有していた場合、残高の大小にかかわらず、たとえ解約することが決まっていたとしても、相続発生後に親がNISA口座を開設していた金融機関に子が課税口座を開設しなければいけませんので、無駄な手続きを行うことになります。NISA口座の相続手続きは皆さんが想像するより面倒ですので、今のうちに話し合っておきましょう。

　具体的な手続きについて、取引している金融機関に確認しておくとイメージが沸くと思います。

▶処方箋②=相続発生 後 に行う対策

　大変ですが、所定の手続きを行うだけです。

> **ワンポイントアドバイス**
>
> 　相続税は「相続開始時」の「相続税評価額」で計算しますが、遺産分割は「話し合った時」の「時価」が基準になりますので注意してください。

こんな発言が出たら要注意！　20

先祖名義のままになっている土地がある

この発言から想像される状況は…

① 相続財産が確定しないため、遺産分割ができず、相続税も計算ができない
② 売却や有効活用ができない

状況別　懸念される問題とその処方箋

状況① 相続財産が確定しないため、遺産分割ができず、相続税も計算ができない

▶どんな問題が起こるのか？

　相続が発生する都度、遺産の名義を変更しなければいけないという法律はありません。特に、土地など不動産は、名義変更（所有権移転登記、相続登記とも言います）する際、登録免許税などの登記費用がかかるため、あえて名義変更しない地主もいます。

　仮に、土地が祖父名義のままになっている状態で父親が死亡した場合、父親の財産はいったいどうなるのでしょうか。祖父名義の土地全部が父親の財産でしょうか。それとも土地の一部でしょうか。そもそ

も祖父名義の土地の真の所有者は誰なのでしょうか。そこを明確にしない限り、父親の財産は確定しません。

　相続財産が確定しないということは、遺産分割できないということになります。遺産分割できないので、各相続人が負担する相続税額も確定しません。

　相続発生時に父親名義となっている財産だけであれば相続税の基礎控除額以下であっても、祖父名義の土地を加えると基礎控除額を超えてしまう場合があります。そのことに気付いたのが相続税申告期限後であれば、期限後申告となり余計な税負担（無申告加算税、延滞税）が生じてしまいます。

▶処方箋①＝相続発生前に行う対策

　少しでも早く、土地名義を真の所有者に変更すべきです。

　祖父名義を相続人など真の所有者名義へ変更するためには、次の3通りの方法が考えられます。

①祖父死亡に関わる遺産分割協議書（署名、実印押印、印鑑証明書付の原本）を見つける

②当時に遡って遺産分割を成立させる

③時効により取得する

　農家の場合、農地を売却したり宅地転用したりすることを想定していないため、相続が発生する都度「長男が相続する」とした遺産分割協議書を作成し、登記に必要な戸籍謄本や印鑑証明書と一緒に保管している場合があります。それがあれば、いつでも長男名義へ変更することができます。印鑑証明書の日付は当時のもので構いません。

　祖父の死亡当時、遺産分割協議書が作成されていない、もしくは作

成したが見つからない場合、新たに作成する必要があります。

　新たに作成する遺産分割協議書に署名押印する必要がある相続人がすでに他界している場合、その人の相続人全員が当事者になります。相続人や当事者が高齢で、かつ判断能力に相当な衰えがある場合は、法定後見が必要になります。

　また、相続人や当事者に未成年者がおり、その未成年者と親権者がともに当事者（相続人）であるなど利益相反の間柄にある場合には、未成年後見や特別代理人などの手続きが必要になります。

　後見の手続きは家庭裁判所に申し立てるため、時間に余裕をもっておいたほうが無難です。しかも、後見監督人（弁護士の場合が多い）がつくケースが多く、その場合、後見監督人の報酬（費用）がかかることにもご注意ください。

▶処方箋②＝相続発生 後 に行う対策

　当時に遡り、相続手続きに必要な人を探し、一つ一つ遺産分割を処理していくしかありません。

　相続税申告期限である10カ月以内にその手続きが完了せず、相続財産が確定しなくても、とりあえず判明している財産について未分割のまま申告するしかありません。過少申告加算税のほうが無申告加算税より税負担が軽いので、暫定的であっても必ず申告してください。

　相続税申告期限までに遺産分割が成立していない場合、「配偶者の税額軽減」や「小規模宅地等の特例」の適用を受けることができませんので、高い相続税を負担することになります。申告期限から3年以内であれば更正の請求により相続税の還付を受けられますので、まずはそこを目標に手続きを進めていきましょう。

　当事者の行方がわからない、協力が得られない、当事者数が多いな

ど、通常の手続きが困難な場合は時効により土地を取得する方法もあります。しかし、揉めているわけではなくても手続き上、親族を巻き込む形になりますので、最終手段と考えてください。

状況❷ 売却や有効活用ができない

▶どんな問題が起こるのか？

　状況①同様、土地が祖父名義のままでは、売却はもちろん、アパートを建築するなどの有効活用もできません。売却できないということは、その土地は相続税の納税原資になりませんので、別途資金を準備しておく必要があります。また、有効活用ができませんので、二次相続対策など次の相続対策の立案に支障をきたしてしまいます。

　なお、固定資産税の納付書は祖父宛に届き、親族の誰かが納税しないと市町村に差し押さえられてしまう可能性もあります。

▶処方箋①＝相続発生 前 に行う対策

　状況①の処方箋①同様、早期に土地の名義を真の所有者に変更すべきです。

　もし名義変更に時間がかかり、相続が発生するまでに手続きが完了しない可能性が高いようでしたら、別途、相続税の納税原資を確保しておきましょう。ただし、相続税額の概算を把握しようと思っても、相続財産が確定しない限り試算できませんので、その場合は一番負担が重くなるケースを想定して資金を準備しておけば安心です。

▶処方箋②＝相続発生 後 に行う対策

　状況①の処方箋②同様、過去に遡り、一つ一つ遺産分割を処理して

いくしかありません。

　当事者の協力が得られない、もしくは得られたとしても話し合いが難航しているなどの状況であれば、調停や審判など法的な手続きを進めたほうが早く解決するかもしれません。所有者と利用者が一致しない不安定な状態は一刻も早く解消すべきですので、弁護士に相談するなど、できるかぎり早く最初の一歩を踏み出してください。

ワンポイントアドバイス

　時間の経過とともに関係者が増え、かつ人間関係も希薄化していきます。処理の先送りは問題を複雑化させるだけですので、少しでも早く具体的に動きましょう。

コラム 押さえておきたいプラスワン知識

相続による所有権移転登記（相続登記）の義務化

　現在、不動産の所有者に相続が発生し、相続人などがその不動産を取得しても、所有権移転登記（相続登記）は義務化されていませんが、今後は、相続などにより不動産の所有権を取得した相続人などは、取得した日から3年以内に相続登記を行わなければならなくなります。正当な理由なく申請を怠った場合、10万円以下の過料に処せられます。

　この改正が施行されるのは令和6年4月1日ですが、施行前に発生している相続についても遡及適用されますので注意してください。

「借りている土地」や「貸している土地」がある

この発言から想像される状況は…

1. 契約書などが存在しない場合がある
2. 相続税の納税資金が不足する可能性がある
3. 使用貸借の可能性がある
4. "負動産"のケースが考えられる

状況別　懸念される問題とその処方箋

状況① 契約書などが存在しない場合がある

▶どんな問題が起こるのか？

　その貸借が古い契約だと、契約書などが紛失していたり、そもそも契約書などを締結していない（存在していない）場合があります。特に、先代からの古い付き合いや、戦前からの長い付き合いがある先との貸借の場合は要注意です。

　契約書などがない状態で相続が発生してしまうと、相続人が契約内容を把握することができず、いつまでの契約なのか、何をしてはいけないのか、賃貸条件はどうなっているのかなどがわからず、契約更新

時に不利な条件となってしまう可能性もあります。

　また、故人が相手方と親しくしていても、世代が変われば人も変わりますので、次の世代が相手方と面識がない場合、一から人間関係を構築しなければいけません。土地の貸し借りは、単に地代や賃料を払えば済むだけの関係ではなく、生活の基盤となる長い付き合いですので、人間関係を良好に保っておくことも重要です。

▶処方箋①=相続発生 前 に行う対策

　まず、契約書などを探し、見つからなければ相手方に写しをもらいましょう。そもそも契約書などを締結していないことが判明した場合、先代が元気なうちに契約書を取り交わしておきましょう。その場合、こちらの都合だけを押し通すのではなく、譲り合いの精神を持ち、誠意をもって話し合ってもらうようにしてください。それが長期にわたる人間関係の構築に役立ちます。

　先代同士の口約束だけでは将来トラブルが発生する可能性がありますのでご注意ください。

▶処方箋②=相続発生 後 に行う対策

　契約書などが存在しないことがイコール、不当な契約ではありませんので誤解のないようにしてください。契約書などがなくても、古い通帳や当事者の記憶、建物の築年数などからおおよその契約日を特定し、民法に則って契約の存在を確定させていきます。

　契約当事者の一方が相続により交代したのですから、改めて相続人との間で契約書などをまき直す手もあります。ただし、この場合のまき直しは必須ではありませんので、あくまで相手方にお伺いを立てるスタンスで臨んでください。

状況❷ 相続税の納税資金が不足する可能性がある

▶何が問題なのか？

　「借りている土地＝借地」や「貸している土地＝底地」が相続財産であっても、所有者に相続が発生した場合、相続税は現金で納めなければいけません。「延納」や「物納」の方法もありますが、認められるハードルは限りなく高いと思ったほうが無難です。

　借地や底地を処分して納税資金を用意しようとしても、売却するには時間がかかるうえ、相続税評価額以上で売却できる可能性は低いと思います。そもそも購入者が見つかる保障はなく、見つかったとしても、ほとんどの場合、売却希望額に届きません。

　つまり、「借りている土地」や「貸している土地」は、納税資金を確保するのに不適当な財産なのです。

▶処方箋①＝相続発生前に行う対策

　現状を把握し、負担する相続税額の目安をつけておきましょう。将来手放す気持ちがあるのでしたら、今のうちに処分してはいかがでしょうか。相手方に購入してもらうだけではなく、相手方から権利を買い取る、権利を交換する、相手方と一緒に売却するなど、いろいろな方法があります。

　どのような方法を採ったとしても、借地や底地の売却は時間がかかります。相続税は相続が発生してから10ヵ月間という極めて短い期間内に申告納税しなければいけない手続きですので、発生してから焦って足元見られるより、余裕を持ってじっくり臨んだほうが納得のいく結果につながる可能性が高くなります。

▶処方箋②=相続発生 後 に行う対策

お金や金融資産があればよいのですが、借地や底地以外に財産がない場合、借地や底地で何とかするしかありません。相手方が買い取ってくれればよいのですが、「交渉事は先に言い出したほうが不利」と相場は決まっていますので、足元を見られると思ってください。

また、借地や底地の買取りを専門にしている業者もありますが、取引価格は更地価格の10%程度と相当低いようです。

借地や底地を担保に融資を受ける方法もありますが、実際に融資してくれる銀行は少ないと思ってください。

また、借地や底地を物納する方法もありますが、権利関係が明確になっていない不動産は物納できませんし、国税に許可されるためには、その他いろいろと要件がありますので、相続発生前に物納戦略をとっていない不動産を物納するのは難しいと思います。

(状況❸) 使用貸借の可能性がある

▶どんな問題が起こるのか?

タダで（無償で）貸し借りする関係を「使用貸借」と言います。それに対し、賃料や地代など対価を伴い貸し借りする関係を「賃貸借」と言います。ここで言う「タダ（無償）」には、貸主が負担する固定資産税程度の低い賃料や地代での貸し借りも含まれます。

賃貸借契約の場合、借主は借地借家法により保護され、当事者に相続が発生した場合、その権利は相続されますが、使用貸借契約の場合、借主は何ら保護されず、当事者に相続が発生しても相続されません（図表1）。

図表1

	賃貸借契約	使用賃借契約
借主保護	借地借家法により 保護される	保護されない
相続	される	されない
契約期限が 到来すると	法定更新される	終了する
解約	正当事由が必要	契約期間が満了すれば いつでも可能

　また、賃貸借契約の場合、その権利は相続税評価額に反映され、「貸宅地」「貸家建付地」「貸家」などの評価減に加え、「小規模宅地等の特例」の適用も受けることができますが、使用貸借の場合、相続税法上は何もなかったものとして自用地評価され、「小規模宅地等の特例」の適用も受けることはできません（図表2）。

図表2

	賃貸借契約	使用賃借契約
借地人 （建物利用者）	借地権評価	0（なし）
地主	貸宅地評価 （1－借地権価額）	自用地評価 （更地）
小規模宅地等 の特例	適用あり	適用なし

▶処方箋①＝相続発生 前 に行う対策

　「相続後どうしたいのか」によります。親の権利を子がそのまま承継したいのか、それとも親の代で終わりでよいのかにより、対策の仕方が異なります。

　親が借りている土地を子が相続後も使いたいのであれば、使用貸借

を賃貸借へ変更する必要があります。相手がある話ですので、相手としっかり話し合ってください。

　なお、親の代のみの使用貸借だとしても、相続が発生した場合、残置物の処理などが必要となり、子が何もしなくてよいわけではありません。処理にかかる費用などの目安をつけておくとよいでしょう。

▶処方箋②=相続発生 後 に行う対策

　賃料や地代がいくら以上ならば賃貸借、いくら以下なら使用貸借と明確な基準はありませんので、微妙な賃料や地代の場合、「どちらなのか」その判断が難しくなります。不動産や相続に強い弁護士や税理士に相談のうえ、手続きを進めてください。

　また、世の中の借地権のほとんどは、地上権などの「物権」ではなく、土地を利用する権利である「債権」です。物権であれば登記できますが、債権だと登記できません。次の世代が困らないよう、どのような契約・権利なのか、きちんと記録を残しておきましょう。

状況❹ "負動産"のケースが考えられる

▶どんな問題が起こるのか？

　その土地が固定資産税や所得税、相続税などの負担に見合う収益をあげていない場合、保有しているだけで財産が目減りしていく"負動産"である可能性があります。

　例えば、固定資産税評価額700万円、路線価800万円の土地を貸しているとします。毎年の固定資産税10万円（700万円×固定資産税率1.4%≒10万円）をまかなうために、現在は月極駐車場として貸していますが、収入は毎月3万円しかありません。土地の所有者は

この土地の他にも賃貸物件を多数保有しているため、所得税などの実効税率は50%とします。つまり、この土地における年間の手取り金額は、（年収36万円−固定資産税10万円）×所得税など50％＝13万円になります。

　土地所有者が死亡した場合の相続税実効税率を30％と仮定すると、その土地にかかる相続税は240万円（路線価800万円×相続税実効税率30％＝240万円）です。相続税240万円÷駐車場の年間手取り金額13万円≒18.5年ですので、駐車場の儲けを18.5年貯めてようやくトントンの土地という計算になります。

　18.5年の間に、地価が下落する、駐車場を借りる人が減る、賃貸料金が下がる、固定資産税の負担が増す、相続税が改正される…いろいろな事態が想定されます。

　未だに土地神話から抜け出せていない方、先祖代々の土地のため損得抜きで守らなければならない事情のある方、いろいろだと思いますが、経済合理性を考えた場合、保有しているだけでは負けてしまう土地もあるのです。

▶処方箋①＝相続発生 前 に行う対策

　その土地の時価、保有コスト、相続税評価額、税負担、収益性、将来性などを検証し、次世代に残すべき資産（土地）なのかどうか検討すべきです。

　例えば、今は何も利用していなくても、将来子どもが自宅を建てる予定などがあるのでしたら、収益性云々をそれほど意識する必要はないでしょう。しかし、何の展望もなくただ持っているだけであれば、今のうちにお金に換えたほうが相続対策しやすいかもしれません。

　自宅は別にして、「収益を生まない土地は資産ではない」ことを理

解しましょう。

▶処方箋②＝相続発生 後 に行う対策

　残念ですが、いったん相続し、次の相続までに処理するしかありません。

　「借りている土地」や「貸している土地」を処分する理由として相続は一つの口実になります。また、先代同士の仲が今一つしっくりいっていなかったとしても、世代交代を理由に「新しい当事者同士でこれからのことを考えていきましょう」と言いやすくなります。

ワンポイントアドバイス

　先代だからこそ知っている情報をしっかり記録しておきましょう。また、資産として維持し続けるべき土地なのかどうか、しっかり話し合いましょう。

こんな発言が出たら要注意！ 22

財産に不動産が多い

この発言から想像される状況は…

1 相続税の納税資金が不足するかもしれない
2 遺産分割で揉める可能性がある
3 土地の評価によって相続税額が変わる
4 "負動産"があるかもしれない

状況別　懸念される問題とその処方箋

状況❶　相続税の納税資金が不足するかもしれない

▶どんな問題が起こるのか？

　不動産、特に土地を多く保有している地主の相続相談に応じると、「資産はあるが、お金がない」方が多いことに気が付きます。「先祖代々受け継いできた土地を自分の代で減らすわけにはいかない」と土地の売却には後ろ向きな姿勢の方が多く、「相続税は10ヵ月以内に現金納付しなければいけません」と説明すると黙ってしまいます。

　相続税は現金一括納付が原則ですので、いつか来るその時に備え、納税資金を準備しておく必要があります。

▶処方箋①=相続発生 前 に行う対策

　まず、現状把握を行い、相続税がいくらくらいかかるのか、かかるのであれば納税できるのかどうか、確認しましょう。相続税の納税資金に不足があった場合、資金を調達する方法を考えなければいけません。

　不動産売却資金を納税資金に充てる場合は、相続発生後10ヵ月以内に売却できるよう、生前に権利関係や敷地境界などを明確にしておきましょう。

　その他、不足分に見合う生命保険に加入する、銀行から借りる、相続発生前に不動産を売却し相続人へ売却資金を贈与していくなど、いろいろな方法が考えられます。「延納」や、ハードルは高いですが「物納」ができるよう要件を整えておくことも選択肢の一つです。税理士や専門のコンサルタントを交え検討してください。

▶処方箋②=相続発生 後 に行う対策

　早期に相続財産を評価し、相続税額を把握してください。納税資金が足りない場合、不動産の売却により不足分を賄うのであれば、足元を見られないよう少しでも早く売却活動を開始すべきです。

　保有する不動産の収益性が高いのなら延納を検討してもよいと思います。また、相続人自身に固有の金融資産などがない場合、物納を検討してよいでしょう。

状況❷　遺産分割で揉める可能性がある

▶どんな問題が起こるのか？

　古くからの地主や農家の場合、家督相続的な考え方が色濃く残っている可能性があります。長男は親と同居し、先祖代々の地所やお墓を

守っていくのが当たり前、という考え方です。

　考え方は人それぞれですので、皆が納得するのであればどのように遺産分割しても問題は起こりませんが、誰か一人でも偏った遺産分割に納得しない相続人がいる場合、法的には法定相続割合での分割になりますので注意が必要です。

▶処方箋①=相続発生 前 に行う対策

　生前に、親子でよく話し合ってください。日頃からしっかりコミュニケーションが取れている家庭はあまり揉めません。

　万が一に備え遺言書の作成を検討しましょう。詳しくは、第1章06の「特定の相続人に多く財産を相続させたい」の状況③〈処方箋①〉（49ページ）をご参照ください。

　なお、相続税は路線価などの相続税評価額で計算しますが、遺産分割は時価を基準に話し合いますので、相続税評価額と時価に乖離がある場合注意が必要です。例えば、都心部の場合、時価5,000万円のマンションの相続税評価額が2,000万円程度のことも珍しくありません。このマンションを相続した長男は、相続税は2,000万円をもとに納税しますが、遺産分割上は5,000万円の財産を取得したことになりますので、代償金を支払う場合、その額は2,500万円になります。

▶処方箋②=相続発生 後 に行う対策

　第1章06の「特定の相続人に多く財産を相続させたい」の中の状況③〈処方箋②〉（49ページ）をご参照下さい。

状況❸　土地の評価によって相続税額が変わる

▶どんな問題が起こるのか？

　令和３年分における相続財産のうち土地は33.2％を占め、家屋の5.1％と合わせると不動産は38.3％と財産構成比の１位となっています。バブル期は約80％を不動産が占めていたことを考えると少なくなりましたが、それでも相続財産の３分の１は土地が占めています。

　相続税額の決め手は不動産と言われます。特に土地の評価に大きく左右されます。

　公道に接道している真四角の常識的なサイズの綺麗な住宅地であれば誰が評価しても同じ評価額になりますが、間口が狭かったり、形状が悪かったり、広かったり、急坂に接していたり、お墓の前だったり、線路際だったり、高圧線の下だったり、接道していなかったり、建築制限があったり…と土地を取り巻く状況は様々で、一つとして同じものはありません。また、評価する税理士の熟練度によっても評価額はバラけます。それら個別要因が強い土地の評価は、資産税、特に不動産に強い税理士でないと難しいでしょう。

　「資産税（相続税など）に強い税理士＝不動産に強い税理士」と言われるくらい、税理士により土地の評価額に差が出ます。税理士の受験科目に不動産はありませんが、相続財産で一番多いのは土地です。国税ＯＢの税理士も不動産を苦手としている方が多くいます。そこに大きな問題があると言えます。

▶処方箋①＝相続発生 前 に行う対策

　資産税に強い税理士を見つけておきましょう。

　強いかどうかは、自ら言うことではありません。新聞や雑誌で紹介

されている税理士であっても、自らお金を払って掲載してもらっているケースもありますので、看板に騙されないよう気を付けなくてはいけません。信頼できる人から紹介してもらう方法もありますし、複数の税理士と面談してから決めるのも一つの方法です。

あくまで個人的な感想ですが、資産税（相続税など）に強い税理士は30人に1人いるかどうか、ではないかと思っています。

▶処方箋②=相続発生 後 に行う対策

資産税に強い税理士に申告を依頼するのが一番です。

すでに顧問税理士がいたとしても、その税理士が法人や事業を専門にしているのであれば相続は専門外になりますので、相続税の申告についてだけスポット的に別の税理士に依頼してはいかがでしょうか。

顧問税理士の手前、別の税理士に依頼するのが憚られるようでしたら、別の税理士にセカンドオピニオンとして関与してもらう手もあります。

相続税の申告期限から5年以内であれば、払い過ぎた相続税の還付を請求することができます（更正の請求）。もしかしたら払い過ぎているかも…と思った方は、相続に強い税理士へ相談してみてください。

なお、路線価などによる相続税評価額が時価よりも大幅に高いなど、その土地に固有な特別の事情がある場合には、不動産鑑定評価額により申告する方法があります。必ず認められるとは限りませんが、検討する価値はあると思います。

状況④ "負動産"があるかもしれない

▶何が問題なのか？

保有している不動産は、その価値に見合う収益をあげていますか？

土地神話を信じ、持っているだけで満足していませんか？　不動産には保有コスト（固定資産税など）のほか、維持管理コストがかかり、なおかつ価格は日々変動します。必ず地価が上昇すると決まっているわけではありません。「時価＜相続税評価額」となっているのに、代々保有し続けることが目的化し、財産を目減りさせている地主も多く見受けられます。

　詳しくは、前項（第2章21）の「『借りている土地』や『貸している土地』がある」の中の「状況④"負動産"のケースが考えられる」（157ページ）をご参照ください。

▶処方箋①＝相続発生 前 に行う対策

　先祖代々受け継いできた土地を自分の代で減らすわけにはいかないなど、いろいろな事情があると思いますが、勇気を出し、長期的な視野に立って保有財産の見直しを行ってください。

▶処方箋②＝相続発生 後 に行う対策

　次の世代に負の財産を残さないよう、有効活用、売却、資産の組み換え、隣地の買取りなど、聖域を設けず検討してください。

ワンポイントアドバイス

　バブルが崩壊したと言っても、未だに相続財産の3分の1超は土地が占めています。相続に不動産の知識は必須であり、不動産に強い専門家とのネットワークが重要です。

こんな発言が出たら要注意！ 23

誰も使っていない
不動産がある

この発言から想像される状況は…

1 相続人にとって負の財産かもしれない

2 課税上の特例を適用できる可能性がある

状況別　懸念される問題とその処方箋

状況❶　相続人にとって負の財産かもしれない

▶何が問題なのか？

　郊外や地方に、遊休化している不動産を持っている可能性が考えられます。相続人やその親族が将来使用する予定があるならよいのですが、誰も使用する予定がなく、また他人に賃貸できるような需要もない不動産であれば、それは相続人にとって負の財産（いわゆる"負動産"）と言えます。

　相続は、全部を相続する「単純承認」か、まったく相続しない「相続放棄」しかなく、都合の悪い財産だけ切り離して相続できるわけではありません（172ページに関連コラム）。

　遊休化した不動産を相続した相続人は、その固定資産税などを負担

し続けなければいけませんし、安全防犯上の管理義務も負います。また、昨今「空き家」に対する課税が強化されていますので、相続人にとって負動産の相続は決して有難い話ではないでしょう。

▶処方箋①=相続発生 前 に行う対策

　生前に処分するのが一番です。相続人が将来負担する相続税や苦労を考えると、無償で譲渡したとしてもメリットがあります。近隣や親戚などに譲渡を打診してみてはいかがかでしょうか。

　以前、誰も購入する意思を見せない郊外の遊休地を処分したいという相談者の希望を叶えるため、相談者が別に保有していた優良物件との"抱き合わせ売却"を進めたことがあります。売却価格は、2つの不動産を合計してもほぼ0円に近い値段でしたが、無事処分することができました。

　もし"抱き合わせ売却"が不調に終わった場合には、「購入してくれるなら〇〇円支払う」と、売主がお金を払って引き取ってもらう方法も考えていました。

　不動産だから売れると勘違いしてはいけません。いつの時代も、不動産の売買は「需要」と「供給」の力関係で決まります。路線価などの相続税評価額がついているからと言って、売れる不動産とは限らないことを肝に銘じておきましょう。

▶処方箋②=相続発生 後 に行う対策

　何とか処分する方法を模索するしかありません。「処分するのはもったいない」からと、借金してアパート建築などの有効活用を検討する人もいますが、本格的な人口減少時代を迎え、郊外の賃貸アパートが未来永劫に安泰なはずがありません。慎重かつ冷静に検討すべきです。

相続税がかかるのであれば、物納できないか検討する余地はあると思います。

地元自治体に寄付すればよいと考える人もいますが、余程のことがない限り受け付けてくれません。「ただなら引き取ってくれるはず」などと甘く考えないようにしましょう。

状況❷ 課税上の特例を適用できる可能性がある

▶どんな可能性があるのか？

例えば、その不動産が「今は誰も使っていないが、昨年まで親が一人で暮らしていた元自宅であり、現在、親は老人ホームに入所している」のであれば、課税上、次の3つの特例の適用を受けられる可能性があります。

①親が元気なうちに売却した場合

→「居住用財産を譲渡した場合の3,000万円の特別控除の特例」および「長期譲渡所得に関する軽減税率の特例」

②親が死亡した場合

→「小規模宅地等の特例（特定居住用宅地等）」

③親が死亡した後、相続人が売却した場合

→「被相続人の居住用財産（空き家）に係る譲渡所得の特別控除の特例」

これらはあくまで「受けられる可能性がある」だけで、「受けられる」わけではありませんので、親が元気なうちに各特例の適用の可否について確認しておくべきです。

上記①〜③の課税上の特例の要件について、その一部を図表にまとめましたので参考にしてください。

図表　設例の場合に適用が考えられる特例の要件

①親が元気なうちに売却した場合

居住用財産を譲渡した場合の3,000万円の特別控除の特例	・自分が住んでいる家屋を売るか、家屋とともにその敷地や借地権を売ること。 ・住まなくなった日から3年を経過する日の属する年の12月31日までに売ること。 ・住んでいた家屋または住まなくなった家屋を取り壊した場合は、次の2つの要件すべてに当てはまること。 　イ　その敷地の譲渡契約が、家屋を取り壊した日から1年以内に締結され、かつ、住まなくなった日から3年を経過する日の属する年の12月31日までに売ること。 　ロ　家屋を取り壊してから譲渡契約を締結した日まで、その敷地を貸駐車場などその他の用に供していないこと。 ・売手と買手が、親子や夫婦など特別な関係でないこと。
長期譲渡所得に関する軽減税率の特例	・売った年の1月1日において売った家屋や敷地の所有期間がともに10年を超えていること。

②親が死亡した場合

小規模宅地等の特例（特定居住用宅地等）	・相続開始の直前において介護保険法等に規定する要介護認定等を受けていたこと。 ・被相続人が老人福祉法等に規定する特別養護老人ホーム等に入所していたこと。 ・被相続人が老人ホーム等に入所した後、入所前から同居する親族等以外の第三者へ賃貸等していないこと。

③親が死亡した後、相続人が売却した場合

被相続人の 居住用財産 （空き家）に係る 譲渡所得の 特別控除の特例	・昭和56年5月31日以前に建築された家屋であること。 ・区分所有建物登記がされている建物でないこと。 ・相続の開始の直前において被相続人以外に居住をしていた人がいなかったこと。 ・老人ホーム入所直前に介護保険法等に規定する要介護認定等を受けていたこと。 ・次のイまたはロの売却をしたこと。 　イ　相続または遺贈により取得した被相続人居住用家屋を売るか、被相続人居住用家屋とともに被相続人居住用家屋の敷地等を売ること 　ロ　相続または遺贈により取得した被相続人居住用家屋の全部の取壊し等をした後に被相続人居住用家屋の敷地等を売ること（令和6年1月1日以後の譲渡から、取壊し等は、譲渡の翌年の2月15日までに行っても適用となる）。 ・相続の時から譲渡の時あるいは取壊し等の時まで事業の用、貸付けの用または居住の用に供されていたことがないこと。 ・相続の開始があった日から3年を経過する日の属する年の12月31日までに売ること。 ・売却代金が1億円以下であること。 ・親子や夫婦など特別の関係がある人に対して売ったものでないこと。 ・令和9年12月31日までに譲渡すること。

▶処方箋①＝相続発生 前 に行う対策

　とるべき対応は2段階に分かれます。第一段階では、時期の問題（いつ処分するのかなど）を中心に、特例の適用要件を確認することです。その不動産の所有者である親の意向が重要ですので、損得勘定を抜きにして、親がどうしたいかを尊重したうえで、親子双方にとってよい

方法を考えましょう。

　第二段階では、上記の確認の結果、適用が可能であるとわかった各特例を比較し、有利な特例を採用することです。いずれにしても、課税上の要件を確認しなければいけませんので、税理士に相談してください。

　なお、ここで挙げた「今は誰も使っていないが、昨年まで親が一人で暮らしていた元自宅であり、現在親は老人ホームに入所している」というのはあくまで一例に過ぎませんので、ケースに合わせ、他に活用できる特例などがないか、合わせて税理士に確認してください。

▶処方箋②＝相続発生 後 に行う対策

　相続発生後に適用となるのは、図表のうちの②および③です。特例可否の要件については税理士に確認してください。

> ### ワンポイントアドバイス
>
> 　収益を生まない不動産、誰も使用する予定のない不動産は資産と言えません。不動産は持っているだけでお金がかかりますので、元気なうちに対策を考えましょう。

土地所有権の国庫への帰属承認制度

　所有者不明土地の解消に向けた関連法案が令和3年4月21日に参議院本会議で可決成立し、「相続等により取得した土地所有権の国庫への帰属に関する法律（通称「相続土地国庫帰属制度」）が令和5年4月27日に施行されました。

　この法案が施行されたことにより、相続財産である土地について「相続する」「相続しない」を相続人が選択できるようになりました。相続などにより取得した土地のうち一定の要件を満たしたものについて、法務大臣に対し国庫に帰属させる承認を求めることができるようになったからです。

　従来の相続制度では、何も相続しない「相続放棄」か、全部相続する「単純承認」しか選択できなかったのが、今後は「A土地は相続するが、B土地は相続しない（国に引き取ってもらう）」「一部の土地を相続せず（国に引き取ってもらう）、残りの財産を相続する」ことが可能になったのです。

　ただし、承認に際し

・相続人しか申請できない

・複数の共有者がいる場合、足並みを揃え共同で申請しなければならない

・申請時に審査手数料がかかる（原則として土地一筆ごとに1万4,000円）

・承認された場合、10年分の管理費用を支払わなければならない（最低20万円）

などの要件があるうえ、建物が存在している、担保権などが設定

されている、境界が明らかでない、崖地、処分に労を要する工作物や樹木などが存在するなど、「通常の管理又は処分を行うにあたり過分な費用負担や労力を要する土地」については承認を受けることができません。

　つまり、「誰もが欲しがる優良な土地」は引き取ってもらえるが、「誰も欲しがらない負動産」は承認を得られない可能性が高いのです。申請すれば必ず承認が得られると勘違いしないように注意してください。

　例えば、「地方にある父の実家は地元では割と良い土地だけど、子は東京で暮らしているため管理に困るので国庫に帰属させたい」などの土地であれば承認を得られる可能性が高いと思いますが、そのような土地は第三者への任意売却が可能なので、わざわざ審査手数料と10年分の管理負担金を払ってまで国に引き取って欲しいと考える人がいるのかどうか疑問です。

　承認が得られるであろう「いい土地だけど需要がない」は言葉に矛盾があり、「いい土地ならば需要がある」はずであり、第三者への任意売却が可能です。「よくない土地だから需要がない」のであり、そのような土地を国が引き取ってくれるのかどうか、要件に照らして考えると難しいのではないでしょうか。

　そう考えると、任意売却が可能であるにもかかわらず、国庫帰属を選択する合理的な理由がある土地とはどのような土地なのか、筆者にはなかなかイメージできません。「承認を得られる要件には合致しているが需要はない」土地が馴染むのでしょうが、承認が得られるような土地であれば任意売却可能だと思うのですが…。

なかなか入居者が決まらない古いアパートがある

この発言から想像される状況は…

1. "負動産"の可能性がある
2. 評価減が得られない可能性が高い

状況別　懸念される問題とその処方箋

状況❶　"負動産"の可能性がある

▶どんな問題が起こるのか?

　入居者にとって魅力のないアパートを保有している可能性があります。建物は時の経過とともに劣化していき、設備も老朽化していきます。価値を維持しようと思ったら、更新投資を継続し続けなければいけません。管理や投資を怠るとアパート全体の価値が落ちていき、魅力が薄れ、最終的に入居者に見向きされなくなってしまいます。

　本格的な少子化時代を迎え、日本の人口はドンドン減少していきます。国立社会保障・人口問題研究所の「日本の将来推計人口（平成

29年推計）」によれば、2023年に約１億2,456万人いる日本の人口は、42年後の2065年には約8,808万人まで減り、92年後の2115年には約5,055万人まで減ると予想されています（出生中位・死亡中位）。これは、言い換えると「日本の人口は42年後に30％以上減り、92年後は今の40％になる」ことを意味しています。

　一方、すでに世帯数を大きく上回る数の住戸が存在しているにもかかわらず、取り壊される戸数よりも新たに建築される戸数の方が圧倒的に多い状態が続いていますので、今後も「空き家」は増え続けていくでしょう。

　さらに、入居者のニーズも「より都心へ」「より駅至近へ」「より新しい物件へ」向かうのが常ですので、競争力の優劣により「勝ち組」と「負け組」の差が顕著に表れています。

　そもそも相続人にとってそのアパートは資産と言えるのでしょうか。できれば相続したくない“負”の財産となっていないでしょうか。

▶**処方箋①＝相続発生 前 に行う対策**

　「今後どうするか」について相続人と話し合うべきです。選択肢としては大きく分けて（1）今後も賃貸経営を続けていく、（2）賃貸経営をやめる、の２つあります。

（1）今後も賃貸経営を続けていく場合

　入居率を上げることがアパート経営の基本ですので、まず入居者数を増やさなければいけません。そのためには入居者にとって魅力的なアパートにする必要があります。外観はもちろん、内装や設備についてもテコ入れし、競争力の高い物件にしましょう。

　なお、家賃を引き下げる作戦にはご注意ください。気持ちはわかり

ますが、一度下げた家賃を再度上げることは難しく、また家賃に見合った入居者が増えることで質の低下を招き、トラブルが増える原因にもなります。すでに契約している入居者との家賃差額が表に出て新たなトラブルを生んでしまう可能性もあります。

　将来建て替えや売却する意向があるなら、新規に契約する入居者との契約を**定期借家契約*** にしておくとよいでしょう。**普通借家契約*** に比べ少し家賃は下がりますが、賃貸借期間が満了したら契約は終了になりますので、将来立ち退きの心配がありません。

　単に更新投資を怠っていたことが入居率を低迷させていた原因ならば、リフォームにより一定の入居者を確保することができるでしょう。しかし、立地や環境、供給過多など、自分の力だけではどうしようもないことが要因であれば、費用対効果を考え、次の（2）を検討したほうが無難だと思います。

（2）賃貸経営をやめる場合

　入居率アップのイメージが沸かない場合、アパート経営を諦めたほうが得策かもしれません。空室が多いアパートであっても、維持管理コストは満室時と大きく変わりません。家賃が入ってこなくても、アパートは保有しているだけで一定の費用がかかってしまいます。次世代に負の財産を残すべきではありませんので、勇気ある決断をお願いします。

　賃貸経営をやめる場合、一番の問題は「残された入居者との立ち退き交渉」です。借家人の立場は法的に守られていますので、貸主から退去をお願いするには「正当な事由」が必要です。貸主の勝手な意向だけでは退去させられません。あくまで「お願いベース」であること

＊**定期借家契約**……契約期間の満了により、賃貸借関係が更新されることなく確定的に終了する借家契約のこと。
＊**普通借家契約**……貸主と借主の間で結ぶ一般的な借家契約のこと。貸主からの解約には「正当な事由」が必要であり、ない場合は更新されます。

を理解し、誠意をもって話し合いましょう。場合によっては、退去に伴う引っ越し費用を負担する、一定期間の家賃をもらわない、立ち退き費用を支払うなど、いろいろな対応策が考えられます。

　入居者が立ち退いたら、次に建物をどうするか考えなくてはいけません。古くなって誰も使用していないアパートをそのままにしておくと防犯上の問題が生じますし、空き家に対する課税も強化されていますので、取り壊したほうがよいでしょう。ただし、建物を取り壊すと翌年から土地の固定資産税などが上がりますのでご注意ください。

　アパートを取り壊したあと、将来誰かが使用する可能性があるのなら更地のままでもいいですし、需要があるのなら駐車場として賃貸する手も考えられます。将来誰も使用しないのであれば、いっそ売却してはいかがでしょうか。現金に換えることで生前贈与など相続対策の選択肢が広がります。

　売却する場合、建物を取り壊さず、賃貸経営を続けている状態のまま土地建物を一括して売却し、一定の事業用資産を取得すれば「**事業用資産の買換え特例***」の適用を受けることができる可能性があります。買換え特例の適用を受けられれば譲渡益の課税を一部繰り延べることができますので、資産組み換えたうえで不動産賃貸事業を続けたい場合は税理士に相談してください。

▶処方箋②=相続発生 後 に行う対策
　前述の〈処方箋①〉と同じく、（1）今後も賃貸経営を続けていくのか、（2）賃貸経営をやめるのか、を判断しなければなりません。

　（2）の賃貸経営をやめる決断を下した場合、相続税申告期限から3年以内に売却すれば取得費加算の適用を受けられます。ただし、入居率が低いアパートで、かつ居抜きのまま売却するのでは分が悪いこと

＊事業用資産の買換え特例……個人が、一定の事業用土地建物等を譲渡し、事業用の土地建物等を取得した場合、一定の要件のもと譲渡益の一部繰り延べが可能となる制度のこと。

を覚悟してください。

状況❷ 評価減が得られない可能性が高い

▶何が問題なのか？

　相続税を算出する場合、財産は相続税評価額を基に計算します。具体的には、国税庁が定める「財産評価基本通達」に則り、土地は「路線価」もしくは「倍率評価」、建物は「固定資産税評価額」で評価しますが、不動産の場合、一般的に時価よりも相続税評価額のほうが低くなるよう設定されています。

　また、その不動産が賃貸されていた場合、土地は「貸家建付地」、建物は「貸家」の各評価減があり、一定の要件を満たした土地には「小規模宅地等の特例（貸付事業用宅地等）」の適用もあります。

　このように賃貸不動産は時価よりも大幅に評価額が低くなりますが、「貸家建付地」や「貸家」は「賃貸していることで発生している借地権や借家権」に着目した不動産評価の減額ですので、入居者がいないアパートの場合、借地権や借家権が発生しないため同評価減の適用を受けることができません。

　また、「小規模宅地等の特例（貸付事業用宅地等）」はあくまで「貸付事業を継続していること」の代償として適用を受けることができる特例ですので、入居者がいないアパートでは貸付事業が行われていないことになり、やはり適用を受けることができません。

　つまり、入居者がいないアパートの相続税評価額は高くなり、結果相続税の負担が重くなってしまうのです。

　売却する場合は逆で、満室のアパートは収益性が高いため利回り物件として人気が高く、比較的良い値で売れますが、空室が多いアパー

トは収益性が低いため、売れたとしても高値はつきません。

　つまり、満室のアパートは「資産価値（時価）が高いのに相続税の負担が軽くなる」のに対し、入居者のいないアパートは「資産価値（時価）が低いのに相続税の負担が重くなる」と言う矛盾を抱えた残念な不動産になってしまうのです。（図表参照）

図表　アパートの稼働率と相続税

	満室	空室が多い
売却価格（時価）	高い	安い
相続税評価額	低い	高い
相続税の負担	軽い	重い

▶処方箋①＝相続発生 前 に行う対策

　状況①の〈処方箋①〉をご参照ください。

▶処方箋②＝相続発生 後 に行う対策

　状況①の〈処方箋②〉をご参照ください。

ワンポイントアドバイス

　収益を生まない不動産は「資産」と呼べません。賃貸市場を取り巻く厳しい環境から目を背けず、現実を直視した決断を下しましょう。

自社株が分散している

この発言から想像される状況は…

1. 後継者に支配権がないかもしれない
2. 歓迎されない株主が現れるかもしれない
3. 会社の運営に支障が出る恐れがある

状況別　懸念される問題とその処方箋

状況❶ 後継者に支配権がないかもしれない

▶どんな問題が起こるのか？

　会社は社長のものでも、会長のものでもありません。株主のものです。

　同族会社を経営していくうえで最も重要なのは、「オーナーに支配権があるか」です。支配権があるか否かは、株式会社の最高意思決定機関である株主総会において、オーナーが単独で議決権を行使できるかどうかによって判断します。支配権を有しない場合、自分の会社と言えません。

　株主総会の決議には「普通決議」「特別決議」「特殊決議」の3種類ありますが、オーナーであれば、最低でも「普通決議（議決権の50％超）」、できれば「特別決議（議決権の3分の2以上）」を単独で

議決できるだけの議決権を押さえておくべきです（図表1）。

図表1　株主総会の決議

	普通決議	特別決議
定足数	（定款に別段の定めがある場合を除き）議決権を行使できる株主の議決権の過半数を有する株主の出席	株主総会で議決権を行使できる株主の議決権の過半数（3分の1以上の割合を定款で定めた場合は、その割合以上）を有する株主の出席
決議要件	出席株主の議決権の過半数の賛成	出席株主の議決権の3分の2以上（これを上回る割合を定款で定めた場合は、その割合以上）の賛成
主な決議事項	・自己株の取得 ・株主総会の議長の選任 ・会計監査人の選任、解任 ・清算人の選任、解任 ・取締役および清算人の報酬の決定 ・計算書類の承認 ・剰余金の処分、配当資本金の額の増加 ・取締役、会計参与の解任 ・株主総会の議事運営に関する事項の決定 ・役員退職慰労金の支給決定	・株式の併合 ・監査役の解任 ・定款の変更 ・事業の譲渡、譲受け、賃貸 ・解散 ・組織変更、合併、会社分割、株式交換および株式移転 ・特定株主からの自己株の取得 ・譲渡制限株式の買取 ・譲渡制限株主の相続人に対する売渡請求 ・資本金の額の減少

▶処方箋①=相続発生　前　に行う対策

　仮に自社株が分散していたとしても、分散している株式の株主が後継者の配偶者など、いわゆる「味方」であればあまり問題ないでしょ

う。しかしそれが、敵対関係にある人だったり、会社に関係のない人物だった場合は、相対取引で株式を買い取っておくべきです。

　会社が買い取り金庫株にする手もありますし、オーナーが個人として買い取る手もありますので、オーナー一族が支配権を確立できる状態になるまで自社株の取得を進めてください。

　ただし、相手が買い取りに応じない場合、無理矢理に買い取る方法はありません。その場合には、定款に「**譲渡制限株主の相続人に対する売渡請求***」を定め、株主に相続が発生した後に会社が買い取る方法もありますし、「**全部取得条件付種類株式***（キャッシュアウト）」方式により会社が買い取る方法もあります。

　議決権が10％以下である少数株主であれば、「特別支配株主（90％以上の議決権を有する株主）の**株式等売渡請求***（スクイーズアウト）」方式を利用して強制的に株式を買い取る方法もあります。

　増資することで相手の議決権割合を薄める方法もあるでしょう。具体的な対策は、会社法に詳しい弁護士や司法書士などの専門家に相談してください。

▶処方箋②=相続発生 後 に行う対策

　後継者が窓口になり、株主と話し合うしかありません。ただし、株式の譲渡に応じない株主から無理矢理買い取る裏技はありませんので、相手が納得できる条件を提示しましょう。

　「譲渡制限株主の相続人に対する売渡請求」の制度は、会社が株主の相続を知ったときから1年以内に行使すればよいので、株主に相続

***譲渡制限株主の相続人に対する売渡請求**……会社が、相続などで新たな株主となった者に対し株式の買い取りを請求することができる制度のこと。
***全部取得条件付種類株式**……株主が保有する株式の全部を会社が強制的に取得することができる旨の定めがある株式のこと。株主の同意を得ることなく対価を支払い強制的に保有する株式を買い取るため「キャッシュアウト方式」といいます。
***株式等売渡請求**……支配株主が、少数株主の同意を得ることなく対価を支払い強制的に保有する株式を取得すること。少数株主を排除することになるため「スクイーズアウト方式」といいます。

が発生した場合、まず相対で買い取り交渉を行い、交渉が決裂した場合株主総会を開催し定款に「譲渡制限株主の相続人に対する売渡請求」を定め、買い取りを進めるほうが安全です。

　と言うのも、最初から定款に「譲渡制限株主の相続人に対する売渡請求」を定めてしまうと、先にオーナーが死亡した場合、敵対株主から同権利を行使され、最悪会社をのっとられてしまう可能性があるからです。

状況❷　歓迎されない株主が現れるかもしれない

▶どんな問題が起こるのか？

　業歴が長い会社の場合、株式に譲渡制限が付されていない場合があり、気付いたら「親族とは一切関係ない人が株式を保有している」という事態も考えられます。

　3％以上の議決権を保有する株主には「**会計帳簿閲覧請求権***」がありますので、請求された場合、あまり見せたくない決算書なども見せなければいけません。さらに10％以上あると「**会社解散請求権***」が発生しますので、会社の経営に影響が及んでしまう可能性が生じます。

▶処方箋①＝相続発生 前 に行う対策

　株式の譲渡制限をつけるため、会社を「公開会社」から「非公開会社」に変更しておきましょう（図表2参照）。

　「公開会社」を「非公開会社」に変更するための定款変更には、株主総会で「特殊決議」が必要になります。特殊決議の決議要件には、①頭数要件（株主総会で議決権を行使できる株主の半数以上〈これを

---

　*会計帳簿閲覧請求権……株主が会社に対し、総勘定元帳などの会計帳簿の閲覧を請求できる権利のこと。
　*会社解散請求権……株主や社員の利益保護のため、会社法第833条で認められている「会社の解散の訴え」のこと。

上回る割合を定款で定めた場合は、その割合以上〉）と、②議決権要件（株主総会で議決権を行使できる株主の議決権の3分の2以上〈これを上回る割合を定款で定めた場合は、その割合以上〉の賛成）両方が必要です。

図表2　公開会社と非公開会社

> ◉「公開会社」
> 　その発行する全部または一部の株式の内容として譲渡による当該株式の取得について株式会社の承認を要する旨の定款の定めを設けていない株式会社のこと。（会社法第2条の5）
> ◉「非公開会社」
> 　「株式譲渡制限会社」とも呼ばれ、その発行する全部または一部の株式の内容として、その株式を譲渡により取得したときは、その株式会社の承認を要する旨の定めを設けている株式会社のこと。

▶処方箋②＝相続発生 後 に行う対策

　前述状況①の〈処方箋①〉および〈処方箋②〉を参考に対策を講じましょう。

　なお、株主総会を開催するに当たっては、株主総会招集通知の発送や議事録の作成など、事務手続きを抜かりなく行ってください。とかく同族会社は株主総会の運営がいい加減になりがちですが、敵対する株主がいる場合、議事進行を含め、会社法に則った運営を心掛けておかないと足元をすくわれてしまう恐れがあります。

状況❸　会社の運営に支障が出る恐れがある

▶どんな問題が起こるのか？

　前述の状況①で説明したとおり、株式会社の最高意思決定機関は株主総会ですので、自社株が分散しオーナーが単独で議決できない状態だと、スムーズな会社運営に支障をきたしてしまいます。

　会社には相続はありません。会社は常に走り続けなければいけないのです。取引先、銀行、お客様、従業員、株主など、会社に関係する全ての人に迷惑をかけないためにも、議決権割合を意識した会社経営を心掛けてください。

▶処方箋①＝相続発生 前 に行う対策

　株主名簿を整理しておきましょう。設立当初から一度も見直しされたことがなく古いまま保存している会社や、そもそも作成していない会社もあります。

　株主名簿の作成は会社法で義務付けられています（会社法第121条）。株主名簿は、会社が株主を把握するためだけのものではなく、株主側からも自分が株主であることの証明となりますので、常に最新の状態で会社に備え付けておきましょう。

　議決権に問題が生じそうな場合は、前述の状況①〈処方箋①〉を参考に対策を検討してください。

▶処方箋②＝相続発生 後 に行う対策

　前述の状況①〈処方箋①〉および〈処方箋②〉をご参照ください。

　事業承継対策は、「自社株の評価減を狙った節税策」では
ありません。会社が継続して発展していけるよう、議決権
について注意を払いましょう。

コラム 押さえておきたいプラスワン知識

役員退職金は「退職金規程」だけでは駄目

　一口に退職金と言っても、従業員に支給するものと、役員に支
給するものでは、その性格が異なります。

　まず、従業員に対するものは「賃金の後払い」の意味合いが強
く、会社に退職金制度が存在している場合、懲戒など特別な事情
がない限り、支給しないなどという雇用主の勝手な裁量は認めら
れず、従業員に当然の権利として請求権が発生します。

　一方、役員に対するものは、「退職金規程」があったとしても、「定
款」に定めるか「株主総会」で決議したうえで支給しなければい
けません。役員退職金は報酬の一部であり、「在任中の功労に報いる」
ことが趣旨だからです。役員在任中の功績などを勘案し、そもそ
も支給するのか否か、支給するのであればいくらが妥当か、につ
いて機関決定したうえで支給しなければならないのです。

　時々、株主総会や取締役会を開催せず、「役員退職金規程」に
書いてあるからと、そのとおり支給している会社がありますが、
これは会社法違反になる可能性がありますので、違法に支給され
た退職金を損金に算入してもよいのか、という課税問題が生じて
しまいます。

　役員退職金の支給を検討する場合は、あらかじめ弁護士や税理
士などの専門家へ相談してから取り組んでください。

こんな発言が出たら要注意！　26

古い書画や骨董を 集めるのが好きだ

この発言から想像される状況は…

1. 価値がないものかもしれない
2. 使途不明金として勘違いされる可能性がある
3. 処分に困る

状況別　懸念される問題とその処方箋

状況① 価値がないものかもしれない

▶どんな問題が起こるのか？

　金銭に見積もることができる経済的価値のあるものはすべて相続財産になりますので、一定の書画や骨董も相続財産になります。ただし、「経済的価値があれば」の話ですので、経済的価値がない、もしくはあってもそれほど高額ではない場合、実務としては家庭用財産に含めて申告しても差し支えありません。

　問題は「経済的価値があるか否か」の判断です。具体的な査定方法については後述しますが、不動産や車のように広く市場で流通しているものではありませんので、一般の方にはその価値がわかりません。

価値がわからなければ相続税を計算できませんし、遺産分割にも困ることになります。また、いくら納税資金を準備しておけばよいのかも見当がつきません。

▶処方箋①=相続発生 前 に行う対策

　経済的価値があるのかどうか調べておきましょう。しかし、周囲が価値を調べるよう進言しても、「夢を壊す」と調査を拒む所有者が多いものです。どのような財産でも、相続が発生するまでは所有者のものですし、趣味や生き甲斐でもあるでしょうから、無理強いはできません。

　所有者の同意が得られた場合、美術商などに相談してください。趣味趣向が色濃い世界ですし、真贋の目利きも人それぞれですので、複数の美術商に相談したほうが安心かもしれません。

▶処方箋②=相続発生 後 に行う対策

　経済的価値があるのかどうか、美術商などの専門家に相談してください。具体的には、①売買実例価額と②精通者意見価格などを参酌して評価することになります。

　精通者とは、美術商などを指し、美術商などの鑑定価額や買取り価格を相続税評価額として採用することもありますし、直近の取得価額が判明していればそれを参考にする場合もあります。実際に業者が再販する際の"売値"ではありませんのでご注意ください。

　まったく価値がないと思い込み、相続財産として計上しなかった場合、後日課税当局から財産の漏れを指摘される場合があります。勝手な思い込みは危険ですので、美術商など専門家に見てもらいましょう。

　なお、多くの場合「購入価額＞相続税評価額」の結果となり、それ

も隔たりが大きいケースが多いので、あまり期待しないほうがよいでしょう。

状況❷　使途不明金として勘違いされる可能性がある

▶どんな問題が起こるのか？

　相続が発生した場合、課税当局は故人が取引していた銀行の口座情報（取引履歴など）からお金の動きを確認します。ある程度まとまった額の資金が引き出され、それが何に使用されたかわからない場合、タンスに隠したのか、配偶者や子どもの名義に移したのか、不動産を取得したのか、単なる財産の漏れなのかなどと疑いを持たれ、税務調査で質問されることになります。

▶処方箋①=相続発生 前 に行う対策

　「いつ」「どこで」「何を」「いくらで」購入したのか、誰に聞かれても回答できるよう領収書や契約書などの書類を残しておきましょう。
　鑑定書などが存在しているのであれば、将来手放す際に必要ですので、相続人へ引き継げるようにしておくことが必要です。

▶処方箋②=相続発生 後 に行う対策

　後日、課税当局による税務調査を受け、アレコレ聞かれるよりは、現金が払い出されている理由に関する書面を相続税申告書に添付したほうが、あとで嫌な思いをせずに済むかもしれません。そのあたりの作戦は税理士に相談してください。

状況❸ 処分に困る

▶どんな問題が起こるのか？

　書画や骨董は換金性や流動性が低く、価値があるものであっても、その時の景気や人気などにより価格が大きく左右されるため、いつでも希望の額で資金化できるわけではありません。

▶処方箋①＝相続発生 前 に行う対策

　以前、掛け軸200本、大きな襖絵8枚などを保有していた方の相続に携わったことがあります。故人が投資した金額は1,000万円以上なのに対し、古美術商の査定価格は20万円でした。保管場所にも困る状態だったので相続人が処分したところ20万円以上かかってしまいました。生前故人は「これは価値がある」と言っていたのですが…。

　趣味ですから「やめてほしい」と言いにくいことは理解できますが、生前に処分しておいてくれたらどれだけ楽か…というのが相続人の本音でしょう。せめて、〈処方箋①〉で述べたとおり、価値の有無だけでも調べておきましょう。

▶処方箋②＝相続発生 後 に行う対策

　価値があるなら美術商などに相談し、価値がないなら処分するしかありません。

ワンポイントアドバイス

　どうせ無価値だろうとたかをくくっていると、思わぬ指摘を受けることがあります。課税当局が興味を示す項目でもありますので、注意しましょう。

第**3**章

被相続人に関する発言から
トラブルの芽を
キャッチする

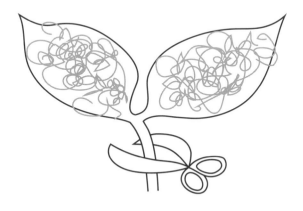

こんな発言が出たら要注意！　27

相続税がかかるのか
まったくわからない

この発言から想像される状況は…

1 適切な相続対策の立案に支障をきたす
2 相続発生後の繁忙さに影響が出る
3 無駄な節税対策を実施しているかもしれない

状況別　懸念される問題とその処方箋

状況❶　適切な相続対策の立案に支障をきたす

▶何が問題なのか？

　相続対策には、①遺産分割対策（争族対策）、②納税財源対策（相続税納税資金の確保）、③相続税対策（節税対策）の３つの柱があります。

　もし相続税がかからないことが事前にわかっていれば、③相続税対策（節税対策）は不要になります。また、もしかかるにしても、数万円程度なのか、数千万円かかるのかにより具体的な対策案が異なります。現状がわからなければ対策案の立案は困難です。

▶処方箋①=相続発生 **前** に行う対策

　税理士に相談し、相続税を試算してもらいましょう。その際、自分なりの書式で構いませんので「保有財産一覧表」を持参すると話が早くなります。

　また、試算はあくまで概算で構わない旨も伝えましょう。相続税は、お亡くなりになったときの相続税評価額および税制が適用になりますが、それがいつになるのか（いつ相続が発生するのか）は誰にもわかりませんので、厳密な計算を行ってもあまり意味がありません。

　さらに、税務上活用できる特例（配偶者の税額軽減、小規模宅地等の特例など）については、適用前と適用後、両方の数字を出してもらいましょう。特例は必ず受けられるものではなく、一定の要件を満たしている場合のみ受けられる制度です。そもそも相続発生時にその特例が今と同じような内容であるのかどうかも不透明ですので、適用を受けることができない場合も想定しておきましょう。

　子や配偶者の名義になっている財産が「名義預金」である可能性もありますので、そのあたりも税理士に相談してください。

　税理士に相続税の試算を依頼する場合のポイントを図表1として下記にまとめておきました。

図表1　税理士に相続税の試算を依頼する場合のポイント

①「保有財産一覧表」を持参する
②不動産は、固定資産税明細や登記事項証明書を持参する
③試算は概算で構わない（例えば、10万円単位など）
④税務上の特例（配偶者の税額軽減、小規模宅地等の特例など）
　については、適用前と適用後、両方の数字を出してもらう
⑤名義預金、名義株式、名義保険などについて相談する

▶処方箋②＝相続発生 後 に行う対策

　相続税の申告は「資産税に強い税理士」に依頼することをおすすめします。医師に専門があるように、税理士にも得手・不得手、専門があります。

　病院や診療所と異なり、「内科」や「整形外科」のように看板に書いていないので一般の方にはわかりにくいかもしれませんが、個人事業や中小企業の決算に強い税理士もいれば、医業中心の税理士もいます。大企業を得意にしている税理士もいれば、法人を苦手にしている税理士もいます。

　相続は1人につき一生に一度しかない専門性の高い申告ですので、相続を専門に取り扱っている税理士に相談すべきです。

状況❷　相続発生後の繁忙さに影響が出る

▶どんな問題が起こるのか？

　相続税が「かかるのか」「かからないのか」によって、相続手続きにおける相続人の負担には雲泥の差が出ます。

　遺産分割に代表される相続手続きに期限はありませんが、相続税の申告納税には期限（相続の開始があったことを知った日の翌日から10ヵ月以内）があります。相続税がかからないのであれば、自分たちのペースで手続きを進めればよいのですが、相続税がかかる場合、10ヵ月以内に遺産分割を成立させる必要があります。

　もし申告期限内に遺産分割が成立しない場合、とりあえず未分割のまま申告書を提出し、後日遺産分割が成立してから修正申告を行うことになります。

　また、相続税がかかる場合、申告書の提出期限までに納税を行う必

要もあるため、資金も用意しなければいけません。

　税理士を見つけ、申告納税について相談し、各種必要書類を取り寄せ、相続財産を把握し、相続人全員で遺産分割を話し合い、故人の遺産で納税するのであれば申告期限までに納税地の売却や預貯金の名義変更などを行い……。とても悲しみに暮れている時間はありません。

　相続が発生して大変なのは相続人であり、自分（親）ではないことをしっかり理解しましょう。

▶処方箋①=相続発生 前 に行う対策

　前述の状況①〈処方箋①〉をご参照ください。

　なお、遺産分割対策としては遺言作成が有効ですが、既に本書で何度も説明していますので、ここでは割愛します。

▶処方箋②=相続発生 後 に行う対策

　相続税の申告で一番時間がかかるのは、①相続財産の確定と②遺産分割協議です。相続発生後すぐに手続きを開始する遺族は稀で、多くの人は四十九日を過ぎてから着手します。

　「相続財産＝被相続人名義の財産」と勘違いしている方がいますが、正しくは「相続財産＝（名義に関わらず）被相続人に所有権が属している財産」です。例えば、故人が通帳などを管理し、配偶者や子、孫名義で貯めていたお金は「名義預金」と呼ばれ、相続財産となります。配偶者や子、孫名義の預貯金が名義預金なのか、それとも名義人固有の財産なのか、判断しなければいけません。

　また、親子が離れて暮らしている場合など、親がどこの金融機関とどのような取引をしているのかわからない場合もあります。このように、相続財産の確定には、皆さんが考えているより時間がかかります。

遺産分割協議には感情が関係しますので、こじれると長引きます。相続財産が確定してから話し合うほうが二度手間を防ぐ意味で有益ですが、相続財産の確定に時間がかかり、話し合いの開始が遅れ、「今月中に遺産分割を成立させなければならない」と焦る相続人をたくさん見てきました。

　さらに、思いのほか相続税が高く、手元にあるお金だけでは足りず、被相続人の不動産を売却したり、値動きのある有価証券を換金したりしなければならなくなるかもしれません。

　10ヵ月あると言っても、四十九日などにより実際に相続人が動き始めるまでに2ヵ月ほど経過し、その後GWやお盆、年末年始、確定申告シーズンなどが重なる場合もありますので、「10ヵ月もある」のではなく、「10ヵ月しかない」と思って早めに動き出し、前倒しで手続きを進めるほうが無難です。

状況❸　無駄な節税対策を実施しているかもしれない

▶どんな問題が起こるのか？

　以前、子にせっせと贈与している方（ここではAさんとします）がいました。それほどお金を持っているわけではなかったのですが、子2人に毎年現金を贈与しているのです。贈与しているのに、いつも「お金が無くなったら老後が心不安」と心配していました。

　だったら贈与しなければよいのにと思い、贈与している理由を伺ったところ、「テレビや新聞で相続税が高くて大変だと言っていたから」と返ってきました。

　Aさんは長男家族と同居しており、自宅は長男名義になっています。Aさんの財産は預貯金だけで、その総額は（贈与を開始する前の段階で）

図表2　Bさんのアパート建築は正しかったか？

	当初 （アパート建築前）	10年後 （アパート建築後）	備考
自宅	3,000万円	3,000万円	
土地 （駐車場→アパート）	2,000万円	800万円	・貸家建付地評価 ・小規模宅地等の 　特例適用後
建物 （アパート）	ー	350万円	・貸家評価
預貯金	1,000万円	1,000万円	
債務 （アパートローン）	ー	▲1,500万円	・当初借入 　2,000万円
合計	6,000万円	3,650万円	
相続税総額	180万円	0万円	

相続税の基礎控除額を下回っていました。つまり、お亡くなりになっても相続税はかかりません。そのことをAさんへ伝えたところ、翌年から贈与をやめました。

　また、相続税対策としてアパートを建築した方の相談に乗っていたところ、こんなこともありました。その方（Bさんとします）は、銀行から「相続税がかかる」と言われ、持っていた駐車場に、借金して小さなアパートを建築しました。ところが、Bさんがアパートを建築した後、もっと駅に近い場所にアパートが乱立し、人口減少とライバルの出現、自身のアパートの老朽化により賃貸経営が苦しくなってきたのです。

　試算してみたところ、アパートを建築する前の相続税は180万円でした。アパートを建築したことで相続税は0になりましたが、まだアパートの残債は1,500万円も残っています。いまBさんがお亡くなりになった場合、相続人は180万円の相続税を負担しなくてよい代

わりに、1,500万円の借金と、老朽化し維持管理費が嵩む入居者確保困難なアパートを相続することになるのです（図表2）。果たしてアパート建築は正しかったのでしょうか。

▶処方箋①=相続発生 前 に行う対策

　現状把握は相続対策の「一丁目一番地」です。現状を把握することで問題点が浮き彫りになり、その問題点を解決することを「相続対策」と言います。現状を把握せず、目先のことに目が行ってしまうと、将来痛い目に遭うかもしれません。

　また、実際に相続する子の意向も確認しましょう。相続税を負担するのは相続人です。親が支払うものではありません。何が問題で、どうしたらよいのか、親子でしっかり話し合いましょう。

▶処方箋②=相続発生 後 に行う対策

　過去には戻れませんので、次の相続では同じ過ちを犯さないよう、専門家をまじえ、しっかり検討してください。

ワンポイントアドバイス

　現状把握は相続対策の基本です。現状把握しない限り問題点を浮き彫りにすることはできず、具体的な対策案も立案できません。

こんな発言が出たら要注意！ 28

誰にも相談しないで 作った遺言書がある

この発言から想像される状況は…

1 形式的な不備が生じている可能性がある
2 相続手続きできない遺言かもしれない
3 財産に漏れがあるかもしれない
4 争族になるかもしれない

状況別 懸念される問題とその処方箋

状況① 形式的な不備が生じている可能性がある

▶どんな問題が起こるのか？

その遺言書が公正証書遺言なのか自筆証書遺言なのかによります。公正証書遺言であれば形式的な不備は考えられませんが、自筆証書遺言であれば署名や押印漏れ、日付なしなどの形式的な不備が生じている可能性があります。形式不備がある遺言書の場合、家庭裁判所で検認調書を発行してもらったとしても、その遺言書を基に名義変更などの手続きを行うことができません。

また、訂正の仕方も遺言書独特の方式に則って行う必要があります

ので、自分なりの解釈で作成した自筆証書遺言の場合、遺言者自身は訂正したつもりでも、法的には訂正されていない状態となっている可能性があります。

▶処方箋①=相続発生 前 に行う対策

既に作成済みの遺言書を、遺言に精通している弁護士や司法書士、行政書士など法律の専門家に見てもらいましょう。不備などが発見された場合は、問題の大きさや実現したい内容により、①その部分だけ訂正する、②書き直す、③自筆証書遺言であれば公正証書に切り替える、の中から検討してください。

遺言の一番のメリットは「揉めても相続手続きが進むこと」です。作成した遺言書が日の目を見るのは遺言者が死亡した後ですので、遺言執行時に残念な結果とならないよう、法的に有効な不備のない遺言書を作成しましょう。

▶処方箋②=相続発生 後 に行う対策

家庭裁判所で検認を受け、かつ内容に問題なければそのまま遺言書に従って手続きを進めればよいのですが、検認調書が発行されたとしても内容があやふやで名義変更などの手続きができない場合、遺言内容を踏まえた遺産分割の成立に向け、努力するしかありません。

なお、形式要件を満たさない遺言書は遺言としては無効ですが、作成当時の状況によっては**死因贈与*** として認められるケースもありますので、形式が整っていないからと言って勝手に破棄せず、弁護士に相談してください。

＊死因贈与……贈与者の死亡によって効力を生ずる贈与のこと。贈与者と受贈者双方の合意が必要な契約行為である点で遺贈とよく似ているが、遺贈と異なり、書面による必要はない。

状況❷　相続手続きできない遺言かもしれない

▶どんな問題が起こるのか？

　遺言作成の目的は、遺言者の気持ちや希望を後世に残すことですが、遺言者の遺志どおりに名義変更などの手続きが進まなければ"絵に描いた餅"となってしまいます。

　家庭裁判所における検認手続きは、自筆証書遺言の存在確認に過ぎませんので、検認調書が発行されたからといって内容についてお墨付きを得たわけではなく、そのとおりに手続きが進むとは限りません。

　過去、実際に筆者が遭遇した誤った記載例を下記に挙げておきます。

図表　遺言書の誤った記載例

①「長女にアパートを任せます」➡「任せる」では所有権移転登記（相続登記）できませんでした

②「駐車場は長男と二男で分けてください」➡割合の記載がないので遺産分割が必要でした

③「自宅を長男に相続させる」➡土地だけ？ 建物だけ？ それとも両方？ （両親は老人ホームで長く暮らしていたため、）そもそも自宅はどれ？ 内容が不明確なため遺産分割が必要でした

④「次女に〇〇町5-4-23の不動産を相続させる」➡「5-4-23」は地番ではなく住居表示だったため物件を特定できず、所有権移転登記（相続登記）できませんでした

⑤「第一勧銀の預金は長男、富士銀行の預金は二男にそれぞれ相続させる」➡ 合併して、みずほ銀行になっています

⑥「母さんに自宅を相続させる」➡「母さん」とは母？ 妻？ 誰に対する遺志なのか特定できず、遺産分割が必要でした

▶処方箋①=相続発生 前 に行う対策

前述の状況①〈処方箋①〉同様、専門家に見てもらいましょう。

▶処方箋②=相続発生 後 に行う対策

遺言書で手続きできない以上、相続人全員で遺産分割について話し合い、合意を得る必要があります。

その際、相続手続きが進まない遺言書であっても遺言者の気持ちは伝わりますので、遺言者の遺志を尊重して協議に臨むべきと思いますが、実際に全員がそうするかと言うと、人によるとしか言いようがありません。遺言書の気持ちが伝わることにより、かえって話がこじれてしまう場合もあります。

何が原因で相続手続きが進まないのかにもよりますので、弁護士や司法書士などに相談しましょう。

状況❸ 財産に漏れがあるかもしれない

▶どんな問題が起こるのか?

遺言書に相続財産の漏れがあった場合、漏れていた財産については相続人全員による話し合い(遺産分割協議)が必要になります。

実際に、遺言書に財産の漏れがあった事案の相談を受けたことがあります。相続人は息子2人でした。長男は遺言で父が創業した会社の株式を相続することになっていましたが、それ以外の財産については記載がありませんでした。そこで二男は、「同社の株式と同じ価値の財産を相続しないと不公平になる。なので、遺言書に記載されていない財産はすべて僕が相続する」と主張しました。長男は「同社株式は価値があってもお金に換えられない財産なのだから、遺言書に記載さ

れていない財産は均等に分けるべきだ」と主張しました。

　遺言書があることにより争族に発展してしまった典型的なケースです。

▶処方箋①＝相続発生 前 に行う対策

　弁護士や司法書士、行政書士など法律の専門家に相談するのが一番ですが、遺言作成時と遺言執行時で財産に変動が生じてしまうのは仕方ありません。万が一を考え、例えば「本遺言書に記載のない財産については○○に相続させる」など、いわゆる「その他財産」の文言を入れておく手もあります。ただし、「その他財産」の額があまりに大きい場合、別のトラブルを招いてしまう恐れもありますので、入れるかどうかは慎重に検討してください。

▶処方箋②＝相続発生 後 に行う対策

　漏れていた財産に関する遺産分割について、遺言を踏まえて話し合うのか、遺言は遺言として横に置き、漏れていた財産についてだけ話し合うのか、それは相続人の考え方次第です。こうすれば必ず皆が納得するという魔法はありません。

　どのような考え方に基づいて話し合うかはともかく、相続人全員の合意がない限り遺産分割は成立しませんので、合意しなければ漏れていた財産はずっと故人名義のままとなります。しかも相続人は、単独で自由に動かせない財産を共同で抱えることになってしまいます。

状況❹ 争族になるかもしれない

▶どんな問題が起こるのか？

　形式不備が生じていたり、相続手続きが進まなかったとしても、遺言者の気持ちは伝わりますので、内容によっては争族を生むきっかけとなることがあります。

　以前、母が死亡した際、「自宅は2人で半分ずつ分けてください」と書いた遺言書が出てきた事案の相談を受けたことがあります。

　相続人は娘2人でした。長女は「母の面倒を長年見てきたのは私なのに、なぜ何もしていない妹と半分ずつ分けなければいけないのか、意味がわからない。」と憤り、更に「百歩譲って母の言いつけどおり半分ずつ分けるなら、私が自宅を相続し、妹へ1,000万円支払う」と主張しました。

　ところが妹は「自宅には4,000万円の価値があるのだから、どうしても姉が自宅を欲しいと言うなら2,000万円もらわらないと不公平だ。いっそ売却してお金で分けたほうが母の遺志に沿う」と主張しました。

　恐らくお母様は「娘2人、仲良く均等に」の気持ちだったと思いますが、遺言書にそう思った背景や心情が記載されていませんでしたので本心はわかりません。また、具体的にどのような分け方をすれば均等になるのかなんて、お母様は想像だにしなかったでしょう。

▶処方箋①＝相続発生 前 に行う対策

　弁護士や司法書士、行政書士などの専門家に見てもらいましょう。その際、「最終的にどのような姿になることを希望しているのか」を伝えると相談がスムーズになると思います。

　書店や文具店で販売している遺言書作成キットは手軽で便利ですが、

遺言書は大事な書面ですので、然るべき専門家に相談してから利用するように心掛けましょう。

　なお、公証人に相談して作成した公正証書遺言であれば問題は発生しないかと言うと必ずしもそうではなく、形式的な不備がないだけであり、書き方や内容によっては解釈に疑義が生じてしまうケースもあります。

　実は、前述の「姉妹で自宅を巡り争族になった例」は公正証書遺言でした。法的不備はありませんし、遺言者の希望もわかります。しかし、手続きが進まず、最終的に争族に陥りました。

▶処方箋②＝相続発生 後 に行う対策

　前述の状況②〈処方箋②〉をご参照ください。

ワンポイントアドバイス

　遺言書を作成しても揉め事はなくなりません。気持ちが伝わるだけの"メモ"の存在により、争族となってしまうかもしれません。

誰にも相続について相談したことがない

1 相続が発生するとどうなるのかわかっていない
2 相続の問題を把握していない
3 自分勝手な解釈で対策を講じている可能性がある

状況別　懸念される問題とその処方箋

状況❶　相続が発生するとどうなるのかわかっていない

▶どんな問題が起こるのか？

　相続が発生するとどうなるのか、まったく理解していない可能性があります。自分が死亡した後の話ですので、イメージできないのかもしれません。

　自分が死亡した場合、相続人は、葬儀について誰に連絡したらよいか知っていますか？　葬儀はどうしたらよいか遺族はわかっていますか？　お墓の希望を伝えていますか？　どこに何があるか子どもたちは知っていますか？　他にも、相続人には「知りたいこと」や「やらなければいけないこと」が山ほどあります。

　何も伝えないまま相続が発生してしまうと、残された遺族には重い負担がのしかかることになります。

▶処方箋①=相続発生 前 に行う対策

　相続手続きは自分以外の人間（遺族）が行うことを理解しましょう。自分が相続人になった気持ちになって考えてみるとよくわかります。葬儀、遺産分割、相続税の申告納税、不動産や預貯金の名義変更、私物の片付け、お墓の手配……面倒な相続手続きはすべて残された遺族が行わなければいけないのです。よくわかっている自分が手続きしたとしても大変なのに、まして何も知らない遺族が手続きするとなると……わかりますよね？

　自分が相続人だったらどうしてほしいかを考えましょう。エンディングノートや遺言書があり、そこに詳しく書かれていたら楽じゃないですか？　日頃から希望を伝えておいてくれれば助かりませんか？

　「自分でやらないからいいや」ではなく、残された遺族の気持ちになって考えてあげましょう。「飛ぶ鳥跡を濁さず」です。

▶処方箋②=相続発生 後 に行う対策

　粛々と手続きを進めるだけです。その過程で相続人は「こうしてくれればよかったのに…」と思うことがたくさんあると思います。ぜひ、その経験を次の相続のために活かし、自分のときには遺族に負担をかけないように考えてあげましょう。

状況❷ 相続の問題を把握していない

▶何が問題なのか？

　多くの人が「相続の問題＝相続税の問題」と思っているのではないでしょうか。税金さえかからなければ安心、少しでも税金が安ければ助かる程度の人が多いと思います。

　令和4年12月に国税庁が発表した「令和3年分相続税の申告実績の概要」によると、1年間における被相続人（死亡者数）143万9,856人に対し、相続税の申告書提出件数は13万4,275人でした。課税割合は9.3%です。これは「100人死亡し、相続税がかかった人は9人程度しかいない」ことを意味します。残り91人は相続税がかからなかっただけで、葬儀、遺産分割、名義変更、片付け、お墓などの手続き負担は、相続税がかかった9人と同じです。

　「財産が多いと揉める」と思ったら大間違いです。むしろ少ないほうが、揉める傾向にあります。それは分けにくいからです。相続の問題は、税金（相続税）の問題ではありません。

　「財産より税金のほうが少ないのだから納税は心配ない」と思うのも間違いです。財産には不動産や有価証券などいろいろな種類がありますが、相続税は原則としてお金で支払います。

　相続対策には、①遺産分割対策、②相続税納税財源の確保、③相続税節税と3つの柱があります。どの柱も大変重要ですので、「どこに問題があるのか」を把握しない限り、有効な対策を講じることはできません。

▶処方箋①＝相続発生 前 に行う対策

　相続対策は、【①現状把握→②問題点の把握→③解決策の策定およ

び実行→④検証】の流れに従って講じていきます。この流れを筆者は
『相続対策サイクル』と呼んでいます（図表1）。

図表1　相続対策サイクル

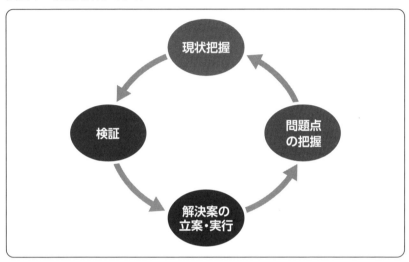

　まず、①誰が相続人なのか、相続財産の評価と時価はいくらなのか
など、現状がどうなっているのかを把握しましょう。次に、②どこに
問題があるのか、何がネックなのかを把握します。そして、③浮き彫
りになったその問題を解決するために「いつ」「誰が」「何を」やるべ
きか具体的に考え、実行します。その後、④税制改正や法改正、財産
の変動や気持ちの変化などに応じて見直しを行いましょう。

　このサイクルを繰り返すことが相続対策の基本ですので、そこで得
た情報を家族間で共有し、より良い対策にしてください。

▶処方箋②＝相続発生 後 に行う対策
　前述の状況①〈処方箋②〉をご参照ください。

状況❸ 自分勝手な解釈で対策を講じている可能性がある

▶どんな問題が起こるのか？

　自分なりの解釈や勘違いにより、勝手な（間違った）相続対策を実施している可能性があります。

　地主のＡさんは「先祖代々の土地を自分の代で減らすわけにはいかない」と悩んでいました。そこで、相続税が少しでも安くなるようにと所有地すべてに借金してアパートを建築しました。

　当初３億円と言われた相続税は、アパート建築により１億円まで減る見込みでした。数年後、Ａさんが亡くなり相続人が納税しようとしたところ、相続財産にお金がほとんどありませんでした。

　アパートを建築する前の状態（駐車場など）だったらすぐに売却できた土地でも、そこには借金つきのアパートが建っています。相続人は仕方なく先祖代々の土地を売却せざるを得ず、Ａさんは希望を叶えることができませんでした。これは、節税だけに目が行き、納税資金を考えず対策を講じたため生じた失敗事例です。

　このように相続対策は、①遺産分割対策、②相続税納税財源の確保、③相続税節税のバランスが重要であり、３本柱のどれか一つでも欠けた状態ではどこかにひずみが出てしまいます。

▶処方箋①＝相続発生 前 に行う対策

　前述したとおり、相続対策の３つの柱はどれも重要ですし、密接に関係しています。対策を講じるためには専門的な知識や経験が必要ですので、勝手な思い込みや安易な考えに走らず、専門家に相談しながら進めてください。

▶処方箋②=相続発生 後 に行う対策

前述の状況①〈処方箋②〉をご参照ください。

ワンポイントアドバイス

　相続は、家族にとって一生に一度あるかないかの重要な
イベントです。いつか来るその日のために、日頃からきち
んと話し合っておきましょう。

コラム 相続相談のマインド＆スキル

無知は救われない

　相続が発生した後の相談に応じ、相続人へ相続税や名義変更な
どの手続きについて説明すると、「難しくてよくわからない」「そ
んな話、聞いたことない」とよく言われます。

　しかし、だからと言って誰かが助けてくれるわけではないのです。
「申告期限が10ヵ月だなんて知らなかった」ら、期限を過ぎても
お咎めありませんか？「小規模宅地等の特例なんて聞いたことな
かった、それを知っていたら相続税を払わずに済んだのに…」と思っ
たら、還付を受けられますか？「税理士にも資産税（相続税など）
に強い先生とそうでない先生がいるなんて知らなかった」ら、支
払った税理士報酬を返してもらえますか？

　残念ながら、「無知は救われない」のです。だからこそ、一般
の方も本を読むとか、誰かに相談するとか、自ら動かなくてはい
けませんし、我々相続コンサルタントも一人でも多くの方へ正し
い情報を伝えていかなければいけないのです。

こんな発言が出たら要注意！ 30

再婚している

この発言から想像される状況は…

1. 先妻との間に子がいた場合、争族になる可能性が高い
2. 養子縁組しない限り、配偶者の連れ子に相続権はない

状況別　懸念される問題とその処方箋

状況① 先妻との間に子がいた場合、争族になる可能性が高い

▶どんな問題が起こるのか？

　先妻の子と後妻が相続人になるケースは典型的な争族のパターンです。もちろん絶対揉めるわけではなく、先妻の子と後妻が仲良く暮らしている家族もありますが、ギクシャクした人間関係から争族に発展する例をたくさん見てきました。

　現在の法律では、婚姻期間の長短に係わらず配偶者の相続分が定められていますので、最期の数年一緒に暮らしただけの後妻が法定相続分まで相続することに先妻の子は納得するでしょうか。

▶処方箋①=相続発生 前 に行う対策

　後妻を迎えた本人が「再婚が相続に与える影響」を理解しているか

否かにより、その後の対応が変わります。本人が理解しているのであれば、「どうしたいのか」自分の気持ちを相続人へ説明し、同時に相続人からも「どうしてほしいのか」を聞き、そのうえで皆が納得するような遺言書を作成する、生前贈与しておくなどの対策を講じることができます。

遺言書を作成する場合、なぜそのような内容にしたのか、付言に背景や心情をしっかりと記載しておきましょう。

自宅を後妻に相続させたい場合、後妻との婚姻期間が20年以上経過しているのならば、遺言で「自宅を妻へ遺贈する」と記載しておく、あるいは「贈与税の配偶者控除」を活用し、生前に自宅を後妻へ贈与しておけば、「**持戻し免除*の推定規定***」の適用により自宅を遺産分割の対象から外すことができます。

民事信託の受益者連続型*を活用し、自宅を「後妻→先妻の子」の順番で相続させる方法も考えられます。

問題は本人が「再婚が相続に与える影響」を理解していない場合です。「どうせ自分が死亡した後の話だから」と真剣に向き合ってくれない場合、いくら後妻や子からお願いしても本人が動いてくれない限りお手上げです。

その場合、親戚や知人、本人が信頼している友人などから話してもらう、あるいは相続に関するセミナーに一緒に参加するなど、本人に気付いてもらえるよう、手を変え品を変え頑張るしかありません。最悪、法定相続割合になることを受け入れるのであれば、無理に事を荒立てず、静観するほうが得策かもしれません。

＊持戻し免除……被相続人が持戻しを希望しない意思表示をした場合に、持戻しを考慮しないで相続財産を計算すること（民法第903条3項）。
＊持戻し免除の推定規定……「婚姻期間が20年以上の夫婦の一方である被相続人が、他の一方に対し、その居住の用に供する建物又はその敷地について遺贈又は贈与をしたときは、当該被相続人は、その遺贈又は贈与について第1項の規定（特別受益の持戻しのこと）を適用しない旨の意思を表示したものと推定する」という規定（民法第903条4項）。
＊民事信託の受益者連続型……当初の受益者が死亡した場合、他の者が次の受益者となることがあらかじめ定められている信託のこと。

とにかく、元気なうちに関係者でコミュニケーションを取っておくことが重要です。

▶処方箋②=相続発生 後 に行う対策

遺言がなく、何も対策を講じない状態で相続が発生した場合、譲り合いの精神をもって話し合うしかありません。

当事者同士での話し合いが難しければ弁護士などに代理を依頼し、それでも駄目なら家庭裁判所で調停→審判の流れとなります。

遺産分割の優先順位は、①現物分割、②代償分割、③換価分割、④共有分割の順ですので、法的な手続きに移行した場合、自分の希望どおりの分割とならない可能性があることを理解してください。どこかで割り切るしかありません。

状況❷ 養子縁組しない限り、配偶者の連れ子に相続権はない

▶どんな問題が起こるのか？

後妻に連れ子がいた場合、夫と連れ子が養子縁組を結ばない限り、連れ子に相続権はありません。後妻が先に死亡した場合、たとえ夫と連れ子が同居していたとしても後妻の連れ子は何も相続できないのです（**特別縁故者**＊として相続できる可能性はあります）。

一方、夫と後妻の連れ子が養子縁組を結んだ場合、後妻が先に死亡した場合の連れ子問題は解消しますが、その分、先妻の子の相続分が少なくなります。

後妻が相続した財産は、後妻の相続人が相続します。後妻に実子がいれば実子が、実子がいない場合、後妻の両親・兄弟姉妹・甥姪が相

＊特別縁故者……被相続人に法定相続人がいない場合に、生前被相続人の世話をしていたなど、被相続人との関係が親密であった事実が認められ、特別に相続を受ける権利が発生した人のこと。

続人になります。つまり、先妻の子から見たら父の財産がほぼ他人に
渡ってしまうことを意味します。

▶処方箋①=相続発生 前 に行う対策

　後妻の連れ子にも相続させたいのであれば、連れ子と養子縁組を結
びましょう。養子縁組が難しければ遺言書を作成してください。養子
縁組を結ばない限り連れ子に相続権はありませんので、その場合に作
成する遺言は遺贈になります。遺贈の手続きには遺言執行者が必要で
すので、忘れずに指定してください。

　後妻が相続した財産を先妻の子が相続するためには、後妻と先妻の
子が養子縁組を結ぶ、後妻に遺言書を作成してもらう、後妻と先妻の
子が死因贈与契約（49ページ脚注参照）を締結する、民事信託の受
益者連続型を利用するなどの方法が考えられます。

▶処方箋②=相続発生 後 に行う対策

　前述の状況①〈処方箋②〉をご参照ください。

> **ワンポイントアドバイス**
>
> 　残される相続人の気持ちになって考えましょう。「自分は
> 死亡するのだから関係ない」と何も対策を講じないのは無
> 責任です。

連帯保証人になっている

この発言から想像される状況は…

1. 将来、相続人が債務の返済を求められる可能性がある
2. 相続人がそのことに気づかず相続してしまうかもしれない
3. 後継者が会社を継いでくれないかもしれない

状況別　懸念される問題とその処方箋

状況❶　将来、相続人が債務の返済を求められる可能性がある

▶どんな問題が起こるのか？

　連帯保証人の地位は相続されるため、将来、相続人が保証債務の履行を求められる可能性があります。

　しかも、連帯保証人の地位は相続発生と同時に法定相続割合に応じて相続人に承継されますので、たとえ故人が遺言で保証債務の承継人や相続割合を指定していたとしても、あるいは相続人が話し合いにより誰か一人に連帯保証人の地位を承継させたとしても、債権者（銀行など）を交えての結果でない限り債権者はそのことに拘束されず、法定相続割合に応じて債務の返済を求めることができます。

　また、相続発生時点で故人が保証債務を履行していない場合、相続財産からその債務を控除することはできません。つまり、相続税を計算するうえで被相続人が連帯保証人であったことが有利に働くことはなく、相続人は将来債権者から保証債務の履行を求められる可能性があるにも関わらず、相続税は1円も軽減されないという事態を招く可能性があるのです。

▶処方箋①=相続発生 前 に行う対策

　一番良いのは、債権者と交渉し、生前に連帯保証人を外してもらうことです。ハードルは高いと思いますが、別の担保を提供する、保証会社に変更してもらう、債務額を圧縮するなど、関係者で知恵を絞り、突破口を見つけて下さい。

　連帯保証人の地位の相続が避けられない状況で、かつその額が多額で返済が難しい状況が想定される場合、限定承認や相続放棄を視野に入れておきましょう。

　相続を放棄しても、遺族年金や生命保険金は受け取れますし、その他の財産も生前に贈与しておけば、相続を放棄しても財産の外部流出をある程度抑えることができます。

　ただし、その行為（贈与など）が**詐害行為**＊に該当した場合、債権者に取消権を行使されてしまう可能性がありますのでご注意ください。詳しくは弁護士へ相談してください。

▶処方箋②=相続発生 後 に行う対策

　大至急、保証債務の額や内容を調査し、承継できる金額ではない場合、限定承認や相続放棄を検討してください。限定承認は共同相続人全員で申し立てる必要がありますが、相続放棄は相続人がそれぞれ単

＊**詐害行為**……債務者の財産処分行為により債務者が無資力になり、債権者への債務の返済が困難になること。

独で申し立てることができます。

　どちらも相続の開始があったことを知ったときから3ヵ月以内に家庭裁判所に申し立てなければならないため、急ぐ必要があります。調査に時間がかかる場合、家庭裁判所へ期間伸長の申し立てを行うこともできますので、早期に弁護士や司法書士など法律の専門家に相談してください。

状況❷ 相続人がそのことに気づかず相続してしまうかもしれない

▶どんな問題が起こるのか？

　故人が借り入れを行い、債務の返済を行っているのであれば、通帳の履歴や金銭消費貸借契約書などの書類でその事実を把握することができますが、保証人であるか否かは、故人が生前相続人へ伝えない限りわかりません。連帯保証人になったのが相当昔であれば、本人自身も忘れてしまっている可能性があります。

　連帯保証人になっていることに気づかず相続してしまった場合、前述の状況①同様、将来相続人が債務の返済を求められる可能性があります。

▶処方箋①=相続発生 前 に行う対策

　連帯保証人になっていることを相続人に伝えておきましょう。保証人になった経緯や条件、主たる債務者の状況や連絡先など、できる限りの情報をきちんと伝えてください。当時の書類があればそれもまとめておきましょう。

　そのうえで、前述の状況①〈処方箋①〉同様、連帯保証人を外して

もらうなどの交渉を行ってください。

▶処方箋②＝相続発生 後 に行う対策

　被相続人が連帯保証人であることを全く知らないわけですから、そのまま相続（単純承認）してしまうでしょう。

　しかし、連帯保証人であるか否かに関する調査を尽くしたが判明しなかったなど、知らなかったことに落ち度がない場合、例外的に相続の開始があったことを知ったときから3ヵ月を経過していても放棄が認められた判決もありますので、至急弁護士に相談してください。

状況❸　後継者が会社を継いでくれないかもしれない

▶どんな問題が起こるのか？

　オーナー会社の場合、オーナー個人が会社の債務の連帯保証人になっているケースが多いと思います。債権者である金融機関もオーナーの連帯保証を条件に融資することが多く、一般的な状態と言えます。

　最近は金融機関の姿勢も従来とは変わり、絶対条件とまではなっていないようですが、それでも社長自身が連帯保証人になっているケースは中小のオーナー会社でよく見受けられます。

　ある事業承継案件で、後継者候補の長男から「会社を継ぐのは構わないが、連帯保証人にならないことが会社を継ぐ条件です」と主張されたことがあります。

　会社が倒産した場合、給与が得られなくなるだけでなく、保証人となっている自分自身も破産してしまい、家族に迷惑をかけるから、というのがその理由です。そうならないために頑張るのが後継者の役目ではないかと思ったのですが、できることなら避けたいと思う気持ち

は理解できます。

▶処方箋①＝相続発生 **前** に行う対策

　債権者である金融機関に連帯保証人を外してもらえないか交渉するのが一番です。了解を得られれば一件落着です。

　前述の会社の場合、担保に供していた不動産の価値が下落していたこともあり、連帯保証人の見直しには後ろ向きでした。そこで、今すぐ世代交代するのではなく、5年計画で債務をできる限り圧縮し、5年後に返済できなかった残債に見合う生命保険に先代が加入し、その受取人を長男とするというスキームを組みました。

　その他、後継者である長男が保証債務を履行しなければならなくなったとしても、負担できるだけの資産を長男が保有できるよう、長男の役員報酬の引き上げも行いました。

　また、後継者家族の暮らしに安心を与えるスキームも考えられます。例えば、後継者の配偶者や子に財産を贈与していく、後継者の自宅を**婚姻期間20年以上の夫婦間における居住用財産の贈与の特例**＊を活用し配偶者へ贈与する、先代から孫へ**教育資金の一括贈与**＊を行うなどの方法が考えられます。

▶処方箋②＝相続発生 **後** に行う対策

　事業承継せず（世代交代せず）先代に相続が発生してしまった場合、自動的に連帯保証人の地位は相続人に法定相続割合で相続されてしまいます。相続人間の話し合いにより、後継者が一人で連帯保証人の地位を承継することになったとしても、債権者はそのことに拘束されません。実際にどう処理するかは、債権者と相続人の話し合いによります。

　＊婚姻期間20年以上の夫婦間における居住用財産の贈与の特例……婚姻期間が20年以上の夫婦の間で、居住用不動産又は居住用不動産を取得するための金銭の贈与が行われた場合、基礎控除110万円のほかに最高2,000万円まで贈与税がかからない特例制度のこと。

　会社の資金繰りに余裕があるのでしたら返済してしまうのが一番ですが、そう簡単ではないでしょうから、相続人に対し会社が死亡退職金を支給し、相続人は受領した死亡退職金を、万が一債権者から保証債務の履行を求められた場合に備え、確保しておく方法もあります。

ワンポイントアドバイス

　限定承認や相続放棄を申し立てる場合、原則、故人の財産に手を付けてしまうと認められなくなってしまいますので、方針が固まるまで名義変更などしないよう注意してください。

コラム　押さえておきたいプラスワン知識

相続を放棄しても、もらえる財産

　相続を放棄した場合、相続開始のときに遡って相続人ではなくなりますので、故人の財産は何も相続できません。しかし、以下の財産は（民法上の）相続財産ではありませんので、相続を放棄しても取得することができます。

・生命保険金

・死亡退職金

・個人年金などの定期金に関する権利

・遺族年金や未支給年金

・祭祀財産（お墓や仏壇など）やお香典

など

＊教育資金の一括贈与……　一定の要件のもと、受贈者一人当たり1,500万円まで教育資金を非課税で贈与できる非課税措置のこと（期限は2026年3月31日まで）。

こんな発言が出たら要注意！ 32

借金が多い

この発言から想像される状況は…

1 相続放棄を検討しなければいけない

2 相続人が返済できないかもしれない

3 債務は法定相続割合で承継される

状況別　懸念される問題とその処方箋

状況❶ 相続放棄を検討しなければいけない

▶何が問題なのか？

　マイナスの財産である借金（＝債務、消極財産）がプラスの財産（積極財産）である現預金や不動産より多い場合には、相続を放棄したほうがよいかもしれません。

　しかし、相続を放棄してしまえば借金を背負う必要はなくなりますが、同時に、自宅はもちろんのこと、金融資産や同族会社の株式などの「もらってうれしい財産」も相続できなくなります。ですから、親子で同居していたり、同族会社を経営したりしている場合は注意が必要です。

　相続は、「全部相続する（単純承認）」か、あるいは「まったく相続しない（相続放棄）」かしかありません。自分の欲しい財産だけ相続

222

できるような都合の良い制度ではないことを理解しましょう。

▶処方箋①=相続発生（前）に行う対策

　今のうちに借金を減らしておくことが一番です。しかし、相続人に借金を相続させてしまう可能性がある場合は、相続が発生したら「相続するのか」「放棄するのか」、相続人と話し合っておくべきです。その際には、いつ、何のために、どこから、いくら、どのような条件で借りたのか伝えるとともに、当時の借用書（金銭消費貸借契約書）や抵当権設定契約書などの書類も共有しておきましょう。

　相続税対策として"あえて"借金している場合は、借り入れた当時と現在の財産価値の変動に注意してください。例えば、時価3,000万円のマンションを、借入2,700万円＋自己資金300万円で購入したとします。その後5年経過し、借金は2,500万円まで減ったものの、マンションの時価が2,400万円に下落していた場合、バランスシート上は債務超過になります。

　「だから相続税の節税になるのだ」と言ってしまえばそのとおりですが、果たしてそれが健全な状態と言えるでしょうか？　相続税対策として債務超過に陥っていることを「良いこと」と勘違いしている方がいますが、いざマンションを処分しようと思っても借金が残ってしまいます。万が一を考え、無理のない対策にすべきだと思います。

　なお、借金が住宅ローンであれば、ほとんどの場合、団体信用生命保険に加入しているはずですので、債務者が死亡することにより借金はなくなります。ただし、必ず加入しているとは限りませんので、念のため確認しておきましょう。

　相続税対策としてアパートを建築したり、マンションを購入している場合の借金であれば、相続税の債務控除効果を狙った借入ですので、

通常、団体信用生命保険には加入していないと思います。合わせて確認しておきましょう。

▶処方箋②＝相続発生 後 に行う対策

　借金が現預金や不動産より多い場合、あるいは借金よりも現預金や不動産のほうが多いものの返済に難がある状態であれば、相続放棄を検討してください。

　借金のほうが多いけれども頑張って返済していくつもりでしたら、**限定承認**＊ する方法もあります。

　どちらも相続の開始があったことを知ったときから3ヵ月以内（熟慮期間）に家庭裁判所へ申し立てなければならず、急いで状況を確認する必要があります。

　相続放棄は相続人それぞれが単独で申し立てできるのに対し、限定承認は相続人全員で申し立てる必要がありますので、足並みがそろわないと申し立てできません。

　被相続人の債務の調査に時間がかかってしまい、3ヵ月以内に放棄するかどうか判断できない場合、家庭裁判所に熟慮期間の伸長を申し立てることができます。伸長は3ヵ月間認められる場合もありますし、当初から6ヵ月認められる場合もあります。3ヵ月伸長した後に再伸長が認められる場合もあります。詳しくは弁護士や司法書士に相談してください。

＊限定承認……相続で取得したプラス財産（例えば預貯金や不動産など）を限度として、マイナスの財産（借金など）を弁済する相続方法のこと。

状況❷　相続人が返済できないかもしれない

▶どんな問題が起こるのか？

　以前、郊外に学生向けの賃貸マンションを建築した方の相談に乗ったことがあります。マンションを建築した親が死亡したとき、20戸全部が満室だったため、相続した子は賃料で銀行からの借り入れを返済していくことができました。

　しかしその後、少子化の影響を受けて大学が都心へ移転してしまったため、入居者がまったくいなくなりました。賃料を下げても、大学の移転により、学生はもちろん、人そのものが周辺からいなくなってしまいましたので、入居者は見つかりません。マンションを取り壊そうにも莫大なお金がかかります。

　そこで、子はマンションを売却して借金を帳消しにしようと考え、地元の不動産業者に相談したのですが、査定価格は残っている借金の額の半分以下でした。しかも、売りに出しても実際に買主の手が挙がるかどうかはやってみないとわからないと言われてしまいました。

　しかし、待っていても事態は悪化する一方で、負担だけが増していきます。結局子はマンションを売却し、残った借金を返済するため、相続した先祖代々の田畑も売却せざるを得ませんでした。こんなことなら相続放棄すればよかった…と後悔しても後の祭りです。

　将来のことは誰にもわかりません。借りたお金は返さなければいけません。その借金は、相続人がきちんと返済できますか？

▶処方箋①＝相続発生 前 に行う対策

　将来、相続人が返済できるよう、借入は無理のない額にしておきましょう。また、資金繰りや担保評価、資産と債務のバランスなどを確

認し、相続人に過度な負担がかからないよう配慮してあげましょう。

▶処方箋②=相続発生 後 に行う対策

　その借金が「返済可能な額」なのか、「返済不可能な額」なのか、早急に見極めなければいけません。もし「返済不可能な借金」であれば、たとえ借金よりも積極財産のほうが多くても、相続を放棄したほうがよい場合があります。相続するか否かの考え方を表にまとめると、図表1のとおりとなります。

図表1　相続するかどうかの選択

	借金 ＞ 現預金など	借金 ＜ 現預金など
返済不可	相続放棄	単純承認・相続放棄
返済可能	相続放棄・限定承認	単純承認

　相続財産の調査に時間がかかる場合、前述の状況①〈処方箋②〉のとおり、家庭裁判所へ熟慮期間の伸長を申し立てましょう。

　債務を相続した場合、いつか返済しなければいけません。相続したのが賃貸物件であれば、将来の収入の推移、稼働率、維持管理コストや更新投資の可能性などを検証し、先行きが暗いのであれば、思い切って売れるときに売却してしまうのも一つの手です。もちろん、売却する前に銀行などの債権者とリスケを含む条件見直し交渉を行う方法もあると思います。

　相続税を軽減させるための借金だとしても、承継した以上、いつかは返済しなければいけません。実際に債務を返済していけるのかどうか、早期に検証しましょう。

状況❸ 債務は法定相続割合で承継される

▶何が問題なのか？

借金を誰がどのような割合で相続するかは相続人同士で話し合って決める…こう考えている方も多いのではないでしょうか。当事者間ではそのとおりですが、法的に言うと借金（可分債務）は、債務者が死亡すると同時に法定相続人に法定相続割合で承継されることになります。

たとえ債務者（故人）が遺言書で「相続人Aが借金の全額を負担する」と指定したり、相続人が遺産分割協議の中で「相続人Aが借金の全額を承継する」と決めたとしても、債権者はその遺言書や遺産分割協議書に縛られず、法定相続割合に応じて各相続人へ債務の返済を求めることができるのです（図表2）。

図表2

民法第902条の2（相続分の指定がある場合の債権者の権利の行使）

被相続人が相続開始の時において有した債務の債権者は、前条〈注：遺言による相続分の指定〉の規定による相続分の指定がされた場合であっても、各共同相続人に対し、第900条〈注：法定相続分〉及び第901条〈注：代襲相続人の相続分〉の規定により算定した相続分に応じてその権利を行使することができる。ただし、その債権者が共同相続人の一人に対してその指定された相続分に応じた債務の承継を承認したときは、この限りでない。

〈〈 〉および下線は筆者〉

▶処方箋①=相続発生 前 に行う対策

生前に債権者の承認を得たうえで遺言書を作成した場合、債権者は

その遺言で指定された割合に応じてしか権利行使できませんが、生前に債権者を交えて話し合っているケースは稀だと思います。

　そこで、債権者が法定相続割合で各相続人へ債務の返済を求めてきたとしても返済できるようにしておいてあげましょう。例えば、流動性の高い財産を相続させる、生命保険金の受取人に指定しておく、生前に現金を贈与しておくなどの方法が考えられます。

　なお、遺言書で「相続人Aが借金の全額を負担する」と指定されているにも関わらず、債権者が相続人AとBへ均等に債務の負担を求め、そのとおりAとBが履行した場合、BはAに対し、自身が負担した債務について求償することができます。

▶処方箋②=相続発生 後 に行う対策

　債権者を交え、話し合うしかありません。債務の相続には「免責的債務引受」と「重畳的債務引受」の2種類あります。

　「免責的債務引受」とは、債務が同一契約条件のまま新しい債務者へ引き継がれ、元の債務者が債権関係から離脱する方式です。債権者の同意が必要ですので、銀行の同意が得られない場合は成立しません。

　「重畳的債務引受」とは、新しい債務者が元の債務者と並んで債務者になる方式です。つまり、元の債務者は債権関係から離脱しません。債権者にとって有利な方法のため、新しい債務者と元の債務者の合意だけで成立します。また、特段の事情がない限り、新しい債務者と元の債務者との間に連帯保証関係が生じます（図表3）。

図表3　免責的債務引受と重畳的債務引受

	免責的債務引受	重畳的債務引受
元の債務者	債権関係から離脱する	債権関係から離脱しない
債権者の同意	必要	不要

ワンポイントアドバイス

　目先の相続税対策のために過度な借り入れを行っている場合があります。債務を背負うのは相続人であり、いつか相続人が返済しなければいけないことをしっかり認識したうえで相続対策を講じましょう。

知人や友人に
お金を貸している

この発言から想像される状況は…

1 うやむやになってしまう可能性がある
2 知人や友人が死亡してしまうリスクがある
3 税務調査で財産漏れの指摘を受けるかもしれない
4 回収不能な貸付金であっても相続財産となる可能性が
  ある

状況別　懸念される問題とその処方箋

状況❶ うやむやになってしまう可能性がある

▶どんな問題が起こるのか？

　知人や友人に口約束でお金を融通している場合、後日「言った」「言わない」のトラブルに発展する可能性があります。

　親しい関係だからといって借用書などの契約書を作成していないと、「いつ」「いくら」貸したのか、「金利」や「返済期間」などの返済条件はどうなっているのか相続人がわからず、相続発生後に返済してもらおうと思っても交渉が難しくなります。「既に完済した」と主張さ

れるかもしれません。こちらは貸したつもりでも、相手は「もらった」と主張するかもしれません。

　良かれと思ってした行為が裏目に出てしまい、最悪踏み倒されてしまうかもしれませんので注意しましょう。

▶処方箋①=相続発生 前 に行う対策

　生前に完済してもらうことがトラブルを防ぐ最善の方法です。当事者が元気なうちに解決しておけば問題は発生しません。

　生前の完済が難しい場合、きちんとした「借用書」もしくは「金銭消費貸借契約書」を取り交わし、「貸付日」「金利」「返済期間」「期限」「返済方法」などの貸付条件を明確にしておきましょう。

　「強制執行認諾文言のある公正証書」で契約しておけば、債務者が返済を滞らせたとき、債務者の財産を強制執行により差し押さえることができます。そして、貸付の事実を相続人へ伝え、書類なども共有しておきましょう。

▶処方箋②=相続発生 後 に行う対策

　債務者に貸付の事実を確認しましょう。債務返済の交渉は、故人の遺した通帳や振込依頼書（控）、手帳のメモなどの資料から貸付の事実を固めてから行ってください。

　相手が非協力的な態度に出た場合、状況によっては弁護士に相談し、法的な措置を検討せざるを得ません。その場合に重要なのは「証拠」ですので、客観的な資料が何もない状態だと回収が難しくなります。

状況❷ 知人や友人が死亡してしまうリスクがある

▶どんな問題が起こるのか？

　債務者である知人や友人が死亡した場合、その相続人へ返済を求めることになりますが、当事者同士の口約束では回収のハードルがかなり高くなります。

　また、相続人を含め、相続権を有する人が全員相続を放棄してしまった場合、貸し付けたお金は貸し倒れになります。

▶処方箋①＝相続発生 前 に行う対策

　相続人の相続放棄を防ぐ方法はありませんので、生前に完済してもらうのがベストです。生前に完済してもらえない場合、連帯保証人をつける、あるいは不動産を担保に取る（抵当権を設定する）方法もあります。もちろん「借用書」や「金銭消費貸借契約書」など契約書の整備は必須です。

　「回収するためにはどうしたらよいか」の観点から検討してください。

▶処方箋②＝相続発生 後 に行う対策

　債務者が死亡した場合、債務（可分債務）は相続の発生と同時に、債務者の相続人に法定相続割合で承継されます。例えば200万円貸していた知人が死亡し、知人の相続人が子2人だった場合、子へそれぞれ100万円ずつ返済を求めることになります。

　相続人である子2人が共に相続を放棄した場合、次順位の相続人（両親→兄弟姉妹）に返済を求めることになります。

　相続の放棄は「自己のために相続の開始があったことを知ったときから3ヵ月以内（熟慮期間）」に家庭裁判所へ申述しなければなりません。

　子が相続を放棄し、その事実を次順位者へ伝えなかった場合、債権者自ら次順位者を特定し、返済を求め、次順位者はそこで初めて自分に相続権があることを知り、そこから相続放棄を手続きし…、と続きますので、回収が相当先になります。

　相続権を有する人が全員放棄してしまった場合は、最終的に相続財産は国庫に帰属しますので、回収できなくなります。

　なお、相続人に相続放棄されないよう、熟慮期間が経過してから返済を求める手もありますが、例外的に熟慮期間経過後でも相続放棄が認められたケースもありますので、絶対ではありません。

　熟慮期間経過後に相続放棄が認められたケースは、相続人にまったく落ち度がなかったなど特別な事情が存在したケースです。原則として、相続人が故人の財産（預貯金や不動産など）に手をつけた（処分行為）場合、相続を放棄することはできませんので、相続人へ債務の返済を求めることができます。

　債権者と債務者が共に死亡している場合、上記の手続きを両方の相続人が行わなければならず、ただでさえ面倒な手続きが、輪をかけて面倒になります。

状況❸ 税務調査で財産漏れの指摘を受けるかもしれない

▶どんな問題が起こるのか？
　相続人が故人の貸付金の存在を知らない場合、相続財産に貸付金を計上しないまま申告してしまう可能性があります。後日、課税当局から「貸付金の漏れ」を指摘され、過少申告加算税（追徴税）や延滞税を負担することになってしまうかもしれません。

▶処方箋①=相続発生 前 に行う対策

知人や友人にお金を貸している事実を相続人に伝え、借用書などの書類も共有しておきましょう。

▶処方箋②=相続発生 後 に行う対策

相続人が貸付金の存在を知らず、不可抗力として相続財産に計上しなかった場合、単なる財産の漏れとして過少申告加算税で済みますが、意図的に貸付金を計上しなかった場合、隠ぺい行為として重加算税の対象になる可能性があります。

財産に漏れがあると余計な延滞税もかかりますので、故人の相続財産を調査する際、通帳の履歴や振込依頼書（控）、手帳のメモ、日記、年賀状などに何かヒント・手掛かりがないか、確認しましょう

なお、相続財産が確定しない場合でも相続税は申告期限までに申告しなければいけません。確定しないからと言って申告期限までに申告しない場合、過少申告加算税より重い無申告加算税（追徴税）が課税されますのでご注意ください。

確定しなくてもとりあえず期限までに申告書を提出しておき、後日財産が確定次第、修正申告などをしてください。

状況④ 回収不能な貸付金であっても相続財産となる可能性がある

▶どんな問題が起こるのか？

貸付金の回収が不可能または著しく困難な場合、その貸付金の相続税法上の評価額は0（ゼロ）になります。

ここで問題になるのは「貸付金の回収が不可能または著しく困難な

場合」に該当するのか否かの判断です。単に債務者が債務超過状態にあるだけとか、延滞が多い程度では該当しません。該当するためには、個人への貸付であれば債務者が破産している、会社への貸付であれば会社更生手続きや民事再生の決定など会社が破綻していることが明らかであるなどの要件が必要です。

　つまり、「おそらく貸したお金は返ってこないだろう」と半ば諦めているような貸付金であっても相続財産として計上しなければならず、その貸付金に対して相続税がかかるのです。

▶処方箋①=相続発生前に行う対策

　回収できない可能性が高い不良債権に対しても相続税が課税されますので、いっそのこと回収を諦め、貸付金（債権）を放棄してはいかがでしょうか。どうせ回収できないのなら、せめて相続税だけでも払わずに済ませる、という作戦です。

　個人間における債務を免除した場合、債権者から債務者へ債権額（貸付金額）相当の贈与があったとみなされ、債務者に贈与税が課税されます。ただし、債務者の資力が喪失しているために債務を免除した場合は、贈与税は課税されません。（相続税法第八条ただし書き）

相続税法第八条

　対価を支払わないで、又は著しく低い価額の対価で債務の免除、引受け又は第三者のためにする債務の弁済による利益を受けた場合においては、当該債務の免除、引受け又は弁済があった時において、当該債務の免除、引受け又は弁済による利益を受けた者が、当該債務の免除、引受け又は弁済に係る債務の金額に相当する金額（対価の支払があった場合には、その価額を控除した金額）を

当該債務の免除、引受け又は弁済をした者から贈与（当該債務の
免除、引受け又は弁済が遺言によりなされた場合には、遺贈）に
より取得したものとみなす。ただし、当該債務の免除、引受け又
は弁済が次の各号のいずれかに該当する場合においては、その贈
与又は遺贈により取得したものとみなされた金額のうちその債務
を弁済することが困難である部分の金額については、この限りで
ない。

一　債務者が資力を喪失して債務を弁済することが困難である場
　　合において、当該債務の全部又は一部の免除を受けたとき。

二　債務者が資力を喪失して債務を弁済することが困難である場
　　合において、その債務者の扶養義務者によって当該債務の全
　　部又は一部の引受け又は弁済がなされたとき。

（下線は筆者）

▶処方箋②=相続発生 後 に行う対策

　債務者の状況を確認しましょう。回収の見込みがまったくない貸付
金であると判断できれば、貸付金の評価額を0（ゼロ）とすることが
できます。

　回収見込みの有無については、形式的な基準だけでなく、客観的な
状況を踏まえた総合的な判断になりますので、税理士や弁護士などの
専門家に相談してください。

ワンポイントアドバイス

　親しい関係だからと言って無責任なお金の貸し借りは、
相続人にとって大変な負担となります。当事者が健在なう
ちに解決しておきましょう。

こんな発言が出たら要注意！　34

取引している銀行や証券会社の数が多い

この発言から想像される状況は…

1. 相続手続きが面倒
2. 財産に漏れが生じてしまう可能性がある
3. 「預貯金債権の仮払い制度」を使われると面倒だ

状況別　懸念される問題とその処方箋

状況❶　相続手続きが面倒

▶どんな問題が起こるのか？

　相続発生後の手続きは、故人が取引していた金融機関の数に比例して面倒になります。

　相続が発生した場合、取引残高の大小に関係なく、すべての金融機関に相続発生の事実を伝え、相続税がかかる場合には残高証明書の発行を依頼し、戸籍謄本（あるいは**法定相続情報証明書**＊）や印鑑証明書など必要書類を提出し、金融機関所定の書類に相続人全員が署名押印し、名義変更もしくは解約の手続きを行わなければいけません。

＊法定相続情報証明書……相続が発生した際、相続人が登記所（法務局）に戸除籍謄本などの束と一緒に相続関係を一覧に表した図（法定相続情報一覧図）を提出すると、法務局の登記官がその書類を確認したうえで一覧図に認証文を付し、写しを無料で交付してくれる書類のこと。

親が遠隔地に居住している場合や、相続人同士が離れて暮らしている場合、そのやりとりだけで疲弊してしまうこともあります。

万が一争族に発展し、取引金融機関ごとに過去の取引履歴の発行を依頼しなければならなくなってしまった場合、数が多いと費用も時間もかかってしまいます。

▶処方箋①＝相続発生 前 に行う対策

高齢になったら、できる限り取引金融機関の数を少なくしておくべきです。最低限、水道光熱費など生活関連の口座、年金受け取りや資産運用関係の口座の2つあれば事足りると思います。近所のゆうちょ銀行、証券会社を加えても、4つあれば十分ではないでしょうか。

また、エンディングノートに、取引金融機関名、支店名、住所や電話連絡先、担当者名、取引内容などを記録しておくと、相続人の負担が軽くなります。ネットバンクの場合、ログインIDやパスワードも忘れずメモしておきましょう。

▶処方箋②＝相続発生 後 に行う対策

地道にコツコツ手続きを進めるしかありません。お金で解決するなら外部の専門会社に手続きを依頼する方法もありますが、相続人でないとできないこともありますので、すべてをお願いできるわけではないことにご注意ください。

戸籍謄本（あるいは法定相続情報証明書）などの必要書類は原本の提出を求められます。相続人がコピーした書類では受け付けてもらえず、金融機関側で写しを取るのが一般的です。

多くの金融機関が相続手続きを相続手続きセンターなどで集中処理しているため、郵送でのやりとりが原則になります。取引している支

店に書類を持ち込んでも、相続手続きセンターなどへの取次になります。

　手続きに要する時間は金融機関によってマチマチですが、1ヵ月近くかかる金融機関もあります。1つの金融機関で手続きが終了してから次の金融機関の手続きを開始するのでは手続きの完了が遅くなってしまいますので、最初に、取引している金融機関数に見合う数の必要書類を揃えてしまったほうが、複数の金融機関で同時に手続きを進めることができるので時間短縮につながります。

状況❷ 財産に漏れが生じてしまう可能性がある

▶どんな問題が起こるのか？

　例えば、親が取引している金融機関が10あったとして、そのすべてを離れて暮らしている子が把握しているでしょうか？　近年、通帳を発行しない銀行や、WEBですべてが完結するネットバンクなどが増えています。資金の移動がない場合、取引明細などを郵送しない金融機関もありますし、すべてをホームページ上でしか確認できない金融機関もあります。

　つまり、親がどこの金融機関と取引していたかを調べようと思っても、実家に足跡が残っていない可能性があるのです。ネットバンクなどは便利ですが、取引の手掛かりを探すにはやっかいです。

　取引している金融機関がわからなければ財産に漏れが生じてしまう可能性があります。相続税は過少申告となり、過少申告加算税や延滞税がかかり、場合によっては遺産分割もやり直しになってしまいます。

▶処方箋①=相続発生 前 に行う対策
　前述の状況①〈処方箋①〉をご参照ください。

親が取引している金融機関を子が特定できたとしても、ネットバンクなどであればログインIDやパスワードがわからない限り取引内容や金額が判明しませんので、エンディングノートなどにログインIDやパスワードをメモしておきましょう。

▶処方箋②=相続発生 後 に行う対策

実家の引き出しに通帳や証書がないか探すとともに、無造作に置いてある名刺、冷蔵庫に貼ってあるカレンダー、テーブル上のティッシュ、財布に入っている明細書の控え、ノベルティの貯金箱、資源ごみとして束ねられている書類に閉じられている報告書などから、取引金融機関の手掛かりを探してください。

定期的に「契約内容」や「取引明細」が郵送されてくる場合もありますので、実家の郵便受けをこまめにチェックしましょう。

まったくわからなければ、周辺の金融機関に取引の有無を確認する方法もあります。ただし、個人情報保護の観点から、故人と問い合わせ人との関係がわかる資料や問い合わせ人の本人確認資料などを提示しない限り何も回答してくれない金融機関もありますので、何が必要か、先に金融機関に聞いてから動いたほうがよいでしょう。

状況❸ 「預貯金債権の仮払い制度」を使われると面倒だ

▶どんな問題が起こるのか?

民法（相続法）の改正により、令和元年7月1日以後に発生した相続から、故人が預けていた預貯金について、法定相続分を乗じた額の3分の1まで相続人が単独で仮払いを申請できるようになりました。

金額の上限は金融機関ごとに150万円です。

　本来、預貯金は遺産分割が成立しない限り払い戻しできませんが、それでは故人が債務を抱えていた場合、相続人による弁済が遅れてしまいますし、故人に扶養されていた遺族の生活にも支障が出てしまいます。そこで、相続が発生した後の葬儀代や遺族の生活保障を目的として「預貯金債権の仮払い制度」が創設されました（28ページのコラム参照）。

　仮払いの権利を行使した相続人は、仮払いされた預貯金債権を遺産の一部分割により取得したとみなされますが、遺産分割が完了しているわけではありませんので、最終的に仮払いを受けた預貯金債権を含め、清算が必要になった場合にその義務を負うと考えられています。あくまで「仮払い」ですから。

　例えば、150万円の仮払いを受けた長男がその後に成立した遺産分割により自宅を相続することになり、預貯金は全額二男が相続することになったとします。その場合、長男は仮払いを受けた150万円を二男へ返還しなければいけません。しかし、仮払いを受けた150万円はすべて葬儀などに使用してしまい、長男の手元にお金は残っていません。二男が納得しない場合、長男は不当利得返還請求を提起される可能性があり、争族に発展してしまいます。

▶処方箋①=相続発生[前]に行う対策

　預貯金債権の仮払い制度は遺族にとって便利な反面、その後の遺産分割を考えると、「できれば使ってほしくない制度」というのが筆者の本音です。

　だからと言って現金を家に置いておくのも物騒ですので、当面必要になるお金を一時払い終身保険にしておく手はいかがでしょうか。相

続人間の公平を考えるなら、受け取る保険金額を同額にしておけばよいですし、葬儀などを行う子を単独指定してもよいと思います。

受取人指定のある生命保険は、預貯金と異なり相続が発生しても凍結されず、受取人が単独で保険金を請求できますので、相続後の資金繰りを考えるうえで大変便利です。

▶処方箋②＝相続発生 後 に行う対策

金融機関が発行する残高証明書に記載されている数字は「相続発生日の残高」です。相続後に資金移動があったとしても残高証明書には一切反映されません。仮払いの権利を行使した相続人がいたとしても、そのことを当人が言わず、他の相続人も気付かなければそのまま遺産分割が話し合われてしまう可能性があります。

残高証明書に記載されている預貯金額が今もそのまま残っていると信じ、遺産分割が成立し、実際に名義変更などをしようと思ったら残高が少なくなっている……。誠実さに欠ける対応に「話が違う」と揉めることになってしまいます。最悪、錯誤があったとして遺産分割が無効になる可能性もあります。

相続発生日の残高が今もそのまま残っているとは限りませんので、話し合う際には十分注意しましょう。

ワンポイントアドバイス

ペイオフ対策など仕方がない面もありますが、ある程度の年齢になったら、取引金融機関の数を絞り、来るべき日に備えましょう。

[著者プロフィール]

吉澤 諭（よしざわ・さとし）

相続・事業承継専門『株式会社吉澤相続事務所』代表取締役。
1966年生まれ、東京都出身。住友信託銀行、独立系コンサルティング会社、あおぞら銀行で相続対策・事業承継・遺言・不動産等の業務に従事し、2014年4月株式会社吉澤相続事務所設立。現在までに講師を務めたセミナー・研修は1,500回超、出席者は延べ26,000名超。携わった個別相談件数は4,300件を超え、「答えを出す」をモットーに、現在も数多くの相続・事業承継案件に携わっている。著書に『トラブル事例で学ぶ 失敗しない相続対策』（近代セールス社、2023年9月改訂新版）。

◉保有資格◉
1級ファイナンシャル・プランニング技能士、社会保険労務士、宅地建物取引士、相続診断士等。

「34」の発言から問題をキャッチ！
トラブルの芽を摘む相続対策

2021年 8 月30日　発行
2023年11月20日　第 2 刷

著　者―――吉澤　諭
発行者―――楠 真一郎
発　行―――株式会社 近代セールス社
　　　　　　〒165-0026 東京都中野区新井2-10-11 ヤシマ1804ビル4階
　　　　　　電話 (03) 6866-7586　FAX (03) 6866-7596
印刷・製本――株式会社 三友社
装幀・DTP――今東淳雄(maro design)
イラスト―――五十嵐 晃
編　集―――飛田浩康

ISBN978-4-7650-2317-7

＜改訂新版＞
トラブル事例で学ぶ
失敗しない相続対策

定価1,980円（本体1,800円＋税10%）
A5判192ページ 〈近代セールス社刊〉

　相続に関するありがちな失敗事例・トラブル事例を23ケース取り上げ、詳細に分析。失敗の原因と本来とるべき対策を明らかにすることを通じて、相続対策の極意を学ぶことができます。2019年の初版発売から続々と版を重ね、各方面から高い評価を得てきた一冊を、最新情報を取り入れ、改訂新版として刊行。